经典里的名人馆

主　编　周国欣

副主编　杨学芹

苏州大学出版社
Soochow University Press

图书在版编目(CIP)数据

经典里的名人馆 / 周国欣主编. -- 苏州 : 苏州大学出版社, 2024.9. -- (阅读大课堂). -- ISBN 978-7-5672-4918-9

Ⅰ. G624.233

中国国家版本馆 CIP 数据核字第 2024DK3772 号

经典里的名人馆
JINGDIAN LI DE MINGRENGUAN

主　　编：	周国欣
责任编辑：	沈　琴
装帧设计：	武　源　马晓晴　刘　俊

出版发行：	苏州大学出版社(Soochow University Press)
社　　址：	苏州市十梓街 1 号　邮编：215006
印　　刷：	苏州市越洋印刷有限公司

邮购热线：0512-67480030
销售热线：0512-67481020

开　　本：	787 mm×1 092 mm　1/16　印张：12　字数：145 千
版　　次：	2024 年 9 月第 1 版
印　　次：	2024 年 9 月第 1 次印刷
书　　号：	ISBN 978-7-5672-4918-9
定　　价：	30.00 元

若有印装错误，本社负责调换
苏州大学出版社营销部　电话：0512-67481020
苏州大学出版社网址　http://www.sudapress.com
苏州大学出版社邮箱　sdcbs@suda.edu.cn

丛书总策划

朱绍昌

执行策划

顾 清　项向宏　刘一霖　沈 琴

特约顾问

纪学林

书香伴成长

  同学们,你们拿到的这本盼望已久还飘着墨香的《经典里的名人馆》将默默地陪伴你们快乐成长。

  每天乐读三四页。这本书里精选了我国古典四大名著中流传甚广的12则故事,有的故事只选取了其中的一部分。同学们要慢慢品读,遇到生字、新词,可通过读拼音、看注释、查字典等方法来读准字音,并结合上下文弄懂字词的意思。读每一篇时,可先一段一段地读,再合起来读。每周只读一篇,一定要读到自己能够满意地讲述为止。学有余力的同学读完这本书,可以去阅读原著中完整的故事或整部名著。

  经常扮作小演员。同学们要善于把读到的故事讲给别人听,让大家及时看到你们的阅读成绩。在家可以讲给家人听。在学校,如果只读了一则故事中的三四页,就讲给同桌或别的同学听;如果一篇全部读完了,就及时讲给学习小组长听。

  勇于登上大舞台。学习小组、班集体、学校都是同学们的专设舞台。期中前后,同学们要争取在学习小组里表演一次。这本书全部读完,同学们要力争在班级阅读成果评比时展示一回。在每年读书节期间,学校组织讲故事比赛时,同学们要争取代表班级到学校大舞台上绽放一下自己最美的风采。

  人人坚信我能行。"书香伴成长"后面为同学们设计了"乐读优秀成绩美誉区"。同学们讲述完一则故事后,可请家人根据你们的优秀表现及时为你们颁发奖杯(在奖杯图案里填上金黄色),并签名。等你们把本书读完了,就请把你们讲得最满意的那一则故事的题目记录在美誉区的下面。

  同学们,用每天的坚持,塑造最优秀的自己吧!

乐读优秀成绩美誉区

目录序号	颁奖日期	奖杯颁给你	颁奖人签名	目录序号	颁奖日期	奖杯颁给你	颁奖人签名
1		🏆		7		🏆	
2		🏆		8		🏆	
3		🏆		9		🏆	
4		🏆		10		🏆	
5		🏆		11		🏆	
6		🏆		12		🏆	

我讲得最满意的那一则故事的题目是：_____

目录

大课堂　阅读指导 ………………………………………… 001

1. 三打白骨精 ……………………………………………… 002
2. 大战红孩儿（节选）…………………………………… 016
3. 真假美猴王（节选）…………………………………… 031
4. 三借芭蕉扇（节选）…………………………………… 043
5. 鲁智深倒拔垂杨柳 ……………………………………… 057
6. 吴用智取生辰纲 ………………………………………… 064

大课堂　交流分享 ………………………………………… 079

7. 宋江率军三打祝家庄 …………………………………… 080
8. 煮酒论英雄 ……………………………………………… 092
9. 千里走单骑 ……………………………………………… 101
10. 火烧赤壁 ………………………………………………… 117
11. 宝玉结社赋诗（节选）………………………………… 134
12. 湘云醉卧芍药丛 ………………………………………… 153

大课堂　快乐考评 ………………………………………… 175

自测练习 ………………………………………………………… 176

争当"最美乐读者" …………………………………………… 181

大课堂

阅 读 指 导

1. 走进"快乐读书吧"。你知道我国古典四大名著吗?看看课本里所说的四大名著里的人物、故事你都熟悉哪些?看后跟同学们讲讲。

2. 研读范例说特点。仔细阅读《西游记》中"三借芭蕉扇"故事里"第三借"中的一段话,力争把斗法的情形讲出来。原著里还有第五十九回"一借"和第六十回"二借"的内容,跟"三借"合在一起才是完整的"三借芭蕉扇"这个长篇故事。四大名著中还有很多这种情况,大家阅读时只要注意留心回目便知道了。

3. 体悟"书香伴成长"。《经典里的名人馆》共收集了四大名著里12篇优秀的、适合少儿阅读的原版故事。读读书的前言"书香伴成长",说说你打算怎样读好这本书。

4. 开启每日进行时。从今天开始,大家正式开启阅读旅程,养成天天读一点的好习惯。不仅要读,还要能够把这些生动有趣的故事讲出来。

1. 三打白骨精

却说三藏(zàng)师徒,次日天明,收拾前进。那镇元子与行者结为兄弟,两人情投意合,决不肯放;又安排管待,一连住了五六日。那长老自服了草还丹,真似脱胎换骨,神爽体健。他取经心重,那里①肯淹留,无已,遂(suì)行。

师徒别了上路,早见一座高山。三藏道:"徒弟,前面有山险峻,恐马不能前,大家须仔细仔细。"行者道:"师父放心,我等自然理会。"好猴王,他在那马前横担着棒,剖(pōu)开山路,上了高崖,看不尽:

> 峰岩重叠,涧壑(hè)湾环。虎狼成阵走,麂(jǐ)鹿作群行。无数獐犯(zhāng bā)钻簇簇,满山狐兔聚丛丛。千尺大蟒(mǎng),万丈长蛇。大蟒喷愁雾,长蛇吐怪风。道旁荆棘牵漫,岭上松楠秀丽。薜(bì)萝满目,芳草连天。影落沧溟(míng)北,云开斗柄南。万古常含元气老,千峰巍列日光寒。

> 对仗工整,句式整齐,读起来朗朗上口。同时突出了环境的险恶,为下文白骨精的出现做铺垫。

那长老马上心惊,孙大圣布施手段,舞着铁棒,哮吼一声,唬得那狼虫颠窜,虎豹奔逃。师徒入此山,正行到嵯峨(cuó é)之处,三藏道:"悟空,我这一日,肚中饥了,你去那里化些

---

① 那里——哪里。由于本书是普及性读物,编者参考了较权威的版本,尽可能做到既尊重原作品在当时的用语习惯,又兼顾出版物汉字使用管理规定的要求,对原作品中一些异形词直接做了调整,以适应广大读者的阅读需求。避繁不作一一注解。

斋(zhāi)吃。"行者赔笑道:"师父好不聪明。这等半山之中,前不巴村,后不着店,有钱也没买处,教往哪里寻斋?"三藏心中不快,口里骂道:"你这猴子!想你在两界山,被如来压在石匣(xiá)之内,口能言,足不能行;也亏我救你性命,摩顶受戒,做了我的徒弟。怎么不肯努力,常怀懒惰之心!"行者道:"弟子亦颇(pō)殷勤,何尝懒惰?"三藏道:"你既殷勤,何不化斋我吃?我肚饥怎行?况此地山岚(lán)瘴气,怎么得上雷音?"行者道:"师父休怪,少要言语。我知你尊性高傲,十分违慢了你,便要念那话儿咒。你下马稳坐,等我寻哪里有人家处化斋去。"

> 唐僧责备孙悟空偷懒,不肯去化斋。

行者将身一纵,跳上云端里,手搭凉篷,睁眼观看。可怜西方路甚是寂寞,更无庄堡人家;正是多逢树木,少见人烟去处。看多时,只见正南上有一座高山。那山向阳处,有一片鲜红的点子。行者按下云头道:"师父,有吃的了。"那长老问甚东西。行者道:"这里没人家化饭,那南山有一片红的,想必是熟透了的山桃,我去摘几个来你充饥。"三藏喜道:"出家人若有桃子吃,就为上分了!快去。"行者取了钵盂(bō yú),纵起祥光,你看他筋斗幌幌,冷气飕(sōu)飕,须臾(yú)间,奔南山摘桃不题。

却说常言有云:"山高必有怪,岭峻却生精。"果然这山上有个妖精。孙大圣去时,惊动那怪。他在云端里,踏着阴风,看见长老坐在地下,他就不胜欢喜道:"造化!造化!几年家人都讲东土的唐和尚取'大乘',他本是金蝉子化身,十世修行的原体。有人

> 这里交代了妖精想抓唐僧的原因。

吃他一块肉，长寿长生。真个今日到了。"那妖精上前就要拿他，只见长老左右手下有两员大将护持，不敢拢身。他说两员大将是谁？说是八戒、沙僧。八戒、沙僧虽没甚么大本事，然八戒是天蓬元帅，沙僧是卷帘大将。他的威气尚不曾泄，故不敢拢身。妖精说："等我且戏他戏，看怎么说。"

好妖精，停下阴风，在那山凹(āo)里摇身一变，变作个月貌花容的女儿，说不尽那眉清目秀，齿白唇红，左手提着一个青砂罐儿，右手提着一个绿瓷瓶儿，从西向东，径奔唐僧：

> 圣僧歇马在山岩，忽见裙钗女近前。
> 翠袖轻摇笼玉笋，湘裙斜拽(yè)显金莲。
> 汗流粉面花含露，尘拂蛾眉柳带烟。
> 仔细定睛观看处，看看行至到身边。

三藏见了，叫："八戒、沙僧，悟空才说这里旷野无人，你看那里不走出一个人来了？"八戒道："师父，你与沙僧坐着，等老猪去看看来。"那呆子放下钉钯，整整直裰(duō)，摆摆摇摇，充作个斯文气象，一直的觍(tiǎn)面相迎。真个是远看未实，近看分明。那女子生得：

> 冰肌藏玉骨，衫领露酥胸。柳眉积翠黛，杏眼闪银星。月样容仪俏，天然性格清。体似燕藏柳，声如莺啭林。半放海棠笼晓日，才开芍药弄春晴。

语言、动作描写，表现八戒贪吃、好色的特点。

那八戒见他生得俊俏，就动了凡心，忍不住胡乱言语，叫道："女菩萨(pú sà)，往那里去？手里提着是甚么东西？"——分明是个妖怪，他却不能认得。——那女子连声答应道："长老，我这青罐里是香米饭，绿瓶里是炒面筋。特来此处无他故,因还誓愿要斋僧。"八戒闻言,满心欢喜,急抽身,就跑了个猪颠风,报与三藏道:"师父!'吉人自有天报!'师父饿了,教师兄去化斋,那猴子不知那里摘桃儿耍子去了。桃子吃多了,也有些嘈(cáo)①人,又有些下坠。你看那不是个斋僧的来了?"唐僧不信道:"你这个夯(hāng)货胡缠!我们走了这向,好人也不曾遇着一个,斋僧的从何而来!"八戒道:"师父,这不到了?"

三藏一见,连忙跳起身来,合掌当胸道:"女菩萨,你府上在何处住?是甚人家?有甚愿心,来此斋僧?"——分明是个妖精,那长老也不认得。——那妖精见唐僧问他来历,他立地就起个虚情,花言巧语,来赚哄道:"师父,此山叫作蛇回兽怕的白虎岭。正西下面是我家。我父母在堂,看经好善,广斋方上远近僧人;只因无子,求神作福,生了奴奴;欲扳门第,配嫁他人,又恐老来无倚,只得将奴招了一个女婿(xù),养老送终。"三藏闻言道:"女菩萨,你语言差了。圣经云:'父母在,不远游;游必有方。'你既有父母在堂,又与你招了女婿,——有愿心,教你男子还便也罢,怎么自家在山行走?又没个侍儿随从。这个是不遵妇道了。"那女子笑吟吟,忙赔俏语道:"师父,我丈夫在山北凹里,带几个客子②锄田。这是奴奴煮的午饭,送与那些人吃的。只为五黄六月,无人使唤,父母又年老,所以亲身来送。忽遇三位远来,却思父母好善,故将此饭斋僧。如不弃嫌,愿表芹献③。"三藏道:"善哉(zāi)!善哉!

> 妖精用花言巧语哄骗唐僧,唐僧信以为真。

---

① 嘈——肠胃不适应,口冒酸水。
② 客子——佣工、客作。
③ 芹献——馈赠、送人礼物。

我有徒弟摘果子去了,就来,我不敢吃;假如我和尚吃了你饭,你丈夫晓得骂你,却不罪坐贫僧也?"那女子见唐僧不肯吃,却又满面春生道:"师父呵,我父母斋僧,还是小可;我丈夫更是个善人,一生好的是修桥补路,爱老怜贫。但听见说这饭送与师父吃了,他与我夫妻情上,比寻常更是不同。"三藏也只是不吃。旁边子恼坏了八戒。那呆子努着嘴,口里埋怨道:"天下和尚也无数,不曾像我这个老和尚罢(pí)软①!现成的饭,三分儿倒不吃,只等那猴子来,做四分才吃!"他不容分说,一嘴把个罐子拱倒,就要动口。

悟空认出了妖精,当头就打,唐僧却不让他打,就此产生了矛盾。

只见那行者自南山顶上,摘了几个桃子,托着钵盂,一筋斗点将回来;睁火眼金睛观看,认得那女子是个妖精,放下钵盂,掣(chè)铁棒,当头就打。唬(hǔ)得个长老用手扯住道:"悟空!你走将来打谁?"行者道:"师父,你面前这个女子,莫当作个好人;他是个妖精,要来骗你哩。"三藏道:"你这猴头,当时倒也有些眼力,今日如何乱道!这女菩萨有此善心,将这饭要斋我等,你怎么说他是个妖精?"行者笑道:"师父,你那里认得。老孙在水帘洞里做妖魔时,若想人肉吃,便是这等:或变金银,或变庄台,或变醉人,或变女色。有那等痴心的,爱上我,我就迷他到洞里,尽意随心,或蒸或煮受用;吃不了,还要晒干了防天阴哩!师父,我若来迟,你定入他套子,遭他毒手!"那唐僧那里肯信,只说是个好人。行者道:"师父,我知道你了。你见他那等容貌,必然动了凡心。若果有此意,叫八戒伐几棵树来,沙僧寻些草来,我做木匠,就在

---

① 罢软——没有主见、做事颠倒。

这里搭个窝铺,你与他圆房成事,我们大家散了,却不是件事业?何必又跋涉,取甚经去!"那长老原是个软善的人,那里吃得他这句言语,羞得个光头彻耳通红。

三藏正在此羞惭,行者又发起性来,掣铁棒,望妖精劈脸一下。那怪物有些手段,使个"解尸法",见行者棍子来时,他却抖擞精神,预先走了,把一个假尸首打死在地下。唬得个长老战战兢(jīng)兢,口中作念道:"这猴着然无礼!屡(lǚ)劝不从,无故伤人性命!"行者道:"师父莫怪,你且来看看这罐子里是甚东西。"沙僧搀着长老,近前看时,那里是甚香米饭,却是一罐子拖尾巴的长蛆(qū);也不是面筋,却是几个青蛙、癞虾蟆,满地乱跳。长老才有三分儿信了。怎禁猪八戒气不忿(fèn),在旁漏八分儿唆(suō)嘴道:"师父,说起这个女子,他是此间农妇,因为送饭下田,路遇我等,却怎么栽他是个妖怪?哥哥的棍重,走将来试手打他一下,不期就打杀了;怕你念甚么《紧箍(gū)儿咒(zhòu)》,故意的使个障眼法儿,变作这等样东西,演幌你眼,使不念咒哩。"

"劈脸一下"写出悟空打得准、打得猛,表现他疾恶如仇的特点。

八戒不满悟空的做法,在唐僧面前搬弄是非。

三藏自此一言,就是晦(huì)气到了:果然信那呆子撺(cuān)唆①,手中捻(niǎn)诀,口里念咒。行者就叫:"头疼!头疼!莫念!莫念!有话便说。"唐僧道:"有甚话说!出家人时时要方便,念念不离善

这里可见唐僧的善良糊涂、是非不分。

---

① 撺唆——怂恿、调唆。

心，扫地恐伤蝼蚁命，爱惜飞蛾纱罩灯。你怎么步步行凶！打死这个无故平人，取将经来何用？你回去罢！"行者道："师父，你教我回那里去？"唐僧道："我不要你做徒弟。"行者道："你不要我做徒弟，只怕你西天路去不成。"唐僧道："我命在天，该那个妖精蒸了吃，就是煮了，也算不过。终不然，你救得我的大限？你快回去！"行者道："师父，我回去便也罢了，只是不曾报得你的恩哩。"唐僧道："我与你有甚恩？"那大圣闻言，连忙跪下叩头道："老孙因大闹天宫，致下了伤身之难，被我佛压在两界山；幸观音菩萨与我受了戒行，幸师父救脱吾身；若不与你同上西天，显得我'知恩不报非君子，万古千秋作骂名'。"原来这唐僧是个慈悯(mǐn)的圣僧。他见行者哀告，却也回心转意道："既如此说，且饶你这一次。再休无礼。如若仍前作恶，这咒语颠倒就念二十遍！"行者道："三十遍也由你，只是我不打人了。"却才服侍唐僧上马，又将摘来桃子奉上。唐僧在马上也吃了几个，权且充饥。

> 动作、语言描写，表现了悟空对师父的忠心耿耿，知恩图报。

　　却说那妖精，脱命升空。原来行者那一棒不曾打杀妖精，妖精出神去了。他在那云端里，咬牙切齿，暗恨行者道："几年只闻得讲他手段，今日果然话不虚传。那唐僧已此不认得我，将要吃饭。若低头闻一闻儿，我就一把捞住，却不是我的人了？不期被他走来，弄破我这勾当，又几乎被他打了一棒。若饶了这个和尚，诚然是劳而无功也。我还下去戏他一戏。"

　　好妖精，按落阴云，在那前山坡下，摇身一变，变作个老妇人，年满八旬，手拄着一根弯头竹杖，一步一声的哭着走来。八戒见了，大惊道："师父！不好了！那妈妈儿来寻人了！"唐僧道："寻甚人？"八戒道："师兄打杀的，定是他女儿。这个定是他娘寻将来了。"行者道："兄弟莫要胡说！那女子十八岁，这老妇有八十岁，怎么六十多岁还生产？断乎是个假的，等老孙去看来。"好行者，拽开步，走近前观看，那怪物：

> 假变一婆婆，两鬓(bìn)如冰雪。走路慢腾腾，行步虚怯(qiè)怯。弱体瘦伶仃(líng dīng)，脸如枯菜叶。颧(quán)骨望上翘，嘴唇往下别。老年不比少年时，满脸都是荷包摺(zhé)。

> 外貌描写，突出妖精变的老妇人年迈体弱，表现出妖精的诡计多端。

行者认得他是妖精，更不理论，举棒照头便打。那怪见棍子起时，依然抖擞(sǒu)，又出化了元神，脱真儿去了；把个假尸首又打死在山路之下。唐僧一见，惊下马来，睡在路旁，更无二话，只是把《紧箍儿咒》颠倒足足念了二十遍。可怜把个行者头，勒(lēi)得似个亚①腰儿葫芦，十分疼痛难忍，滚将来哀告道："师父莫念了！有甚话说了罢！"唐僧道："有甚话说！出家人耳听善言，不堕(duò)地狱。我这般劝化你，你怎么只是行凶？把平人打死一个，又打死一个，此是何说？"行者道："他是妖精。"唐僧道："这个猴子胡说！就有这许多妖怪！你是个

> 不明真相的唐僧受到了严重的惊吓，狠狠惩罚了悟空，表现出他的善良、胆小、武断，也从侧面揭露了妖精的阴险狡诈。

---

① 亚——同"压"，形容中间细、两头粗的样子。

无心向善之辈，有意作恶之人，你去罢！"行者道："师父又教我去？回去便也回去了，只是一件不相应。"唐僧道："你有甚么不相应处？"八戒道："师父，他要和你分行李哩。跟着你做了这几年和尚，不成空着手回去？你把那包袱里的甚么旧褊(biǎn)衫，破帽子，分两件与他罢。"

行者闻言，气得暴跳道："我把你这个孽(niè)嘴的夯(hāng)货！老孙一向秉(bǐng)教沙门，更无一毫嫉妒(jí dù)之意，贪恋之心，怎么要分甚么行李？"唐僧道："你既不嫉妒贪恋，如何不去？"行者道："实不瞒师父说。老孙五百年前，居花果山水帘洞大展英雄之际，收降七十二洞邪魔，手下有四万七千群怪，头戴的是紫金冠，身穿的是赭(zhě)黄袍，腰系的是蓝田带，足踏的是步云履(lǚ)，手执的是如意金箍棒：着实也曾为人。自从涅槃(niè pán)罪度，削发秉正沙门，与你做了徒弟，把这个'金箍儿'勒在我头上，若回去，却也难见故乡人。师父果若不要我，把那个《松箍儿咒》念一念，退下这个箍子，交付与你，套在别人头上，我就快活相应了。也是跟你一场。莫不成这些人意儿也没有了？"唐僧大惊道："悟空，我当时只是菩萨暗受一卷儿《紧箍儿咒》，却没有甚么《松箍儿咒》。"行者道："若无《松箍儿咒》，你还带我去走走罢。"长老又没奈何，道："你且起来，我再饶你这一次，却不可再行凶了。"行者道："再不敢了。再不敢了。"又服侍师父上马，剖路前行。

> 悟空表面上请师父去掉他的金箍儿，实则是让唐僧不要赶他走，表现出悟空的聪明和对唐僧的忠心。

却说那妖精，原来行者第二棍也不曾打杀他。那怪物在半空中，夸奖不尽道："好个猴王，着然有眼！我那般变了去，他也还认得我。这些和尚,他去得快,若过此山,西下四十里,就不服我所管了。若是被别处妖魔捞了去,好道就笑破他人口,使碎自家心。我还下去戏他一戏。"好妖怪,按耸(sǒng)阴风,在山坡下摇身一变,变作一个老公公,真个是:

　　　　白发如彭祖,苍髯(rán)赛寿星。
　　　　耳中鸣玉磬(qìng),眼里幌金星。
　　　　手拄龙头拐,身穿鹤氅(chǎng)轻。
　　　　数珠掐(qiā)在手,口诵南无经。

唐僧在马上见了,心中欢喜道:"阿弥陀佛!西方真是福地!那公公路也走不上来,逼法的还念经哩。"八戒道:"师父,你且莫要夸奖。那个是祸的根哩。"唐僧道:"怎么是祸根?"八戒道:"行者打杀他的女儿,又打杀他的婆子,这个正是他的老儿寻将来了。我们若撞在他的怀里呵,师父,你便偿命,该个死罪;把老猪为从,问个充军;沙僧喝令,问个摆站①;那行者使个遁法走了,却不苦了我们三个顶缸?"

　　行者听见道:"这个呆根,这等胡说,可不唬了师父?等老孙再去看看。"他把棍藏在身边,走上前,迎着怪物,叫声"老官儿,往那里去?怎么又走路,又念经?"那妖精错认了定盘星,把孙大圣也当作个等闲的,遂答道:"长老啊,我老汉祖居此地,一生好善斋僧,看经念佛。命里无儿,只生得一个小女,招了个女婿。今早送饭下田,想是遭逢虎口。老妻先来找寻,也不见回去。全然不知下落,老汉特来寻看。果然是伤残他命,也没奈何,将他骸骨收拾回去,安葬茔(yíng)中。"行者笑道:"我是个做婴(qiā)虎的祖宗,你怎么袖子里笼了个鬼儿来哄我?你瞒了诸人,瞒不过我!我认得你是个妖精!"那

---

① 摆站——充配到指定的地方去服劳役。

一个"笑"字写出了孙悟空火眼金睛,轻而易举就识破了妖精的阴谋诡计。

悟空叫来众神在半空中作证,表现出他的机智勇敢。

妖精唬得顿口无言。行者掣出棒来,自忖(cǔn)道:"若要不打他,显得他倒弄个风儿;若要打他,又怕师父念那话儿咒语。"又思量道:"不打杀他,他一时间抄空儿把师父捞去,却不又费心劳力去救他?……还打的是!就一棍子打杀他,师父念起那咒,常言道:'虎毒不吃儿。'凭着我巧言花语,嘴伶舌便,哄他一哄,好道也罢了。"好大圣,念动咒语,叫当坊土地、本处山神道:"这妖精三番来戏弄我师父,这一番却要打杀他。你与我在半空中作证,不许走了。"众神听令,谁敢不从,都在云端里照应。那大圣起处,打倒妖魔,才断绝了灵光。

那唐僧在马上,又唬得战战兢兢,口不能言。八戒在旁边又笑道:"好行者!风发了!只行了半日路,倒打死三个人!"唐僧正要念咒,行者急到马前,叫道:"师父,莫念!莫念!你且来看看他的模样。"却是一堆粉骷髅(kū lóu)在那里。唐僧大惊道:"悟空,这个人才死了,怎么就化作一堆骷髅?"行者道:"他是个潜灵作怪的僵尸,在此迷人败本;被我打杀,他就现了本相。他那脊(jǐ)梁上有一行字,叫作'白骨夫人'。"唐僧闻说,倒也信了;怎禁那八戒旁边唆嘴道:"师父,他的手重棍凶,把人打死,只怕你念那话儿,故意变化这个模样,掩你的眼目哩!"唐僧果然耳软,又信了他,随复念起。行者禁不得疼痛,跪于路旁,只叫"莫念!莫念!有话快说了罢!"唐僧道:"猴头!还有甚说话!出家人行善,如春园之草,不见其长,日有所增;行恶之人,如磨刀之石,不见其损,日有所亏。你在这荒郊野外，一连打死三人，还是无人检举，没有对头；倘到城市之中，人烟凑集之处，你拿了那哭丧棒，一时不知好歹，乱打起人来，撞出大祸，教我怎的脱身？你回去罢！"行者道："师父错怪了我也。这厮分明是个妖魔，他实有心害你。我倒打死他，替你除了害，你却不认得，反信了那呆子谗(chán)言冷语，屡次逐我。常言道：'事不过三。'我若不去，真是个下流无耻之徒。我去！我去！——去便去了，只是你手下无人。"唐僧发怒道："这泼猴越发无礼！看起来，只你是人，那悟能、悟净，就不是人？"

那大圣一闻得说他两个是人，止不住伤情凄惨，对唐僧道声："苦啊！你那时节出了长安，有刘伯钦(qīn)送你上路；到两界山，救我出来，投拜你为师，我曾穿古洞，入深林，擒魔提怪，收八戒，得沙僧，吃尽千辛万苦；今日昧(mèi)着惺(xīng)惺使糊涂，只教我回去：这才是'鸟尽弓藏，兔死狗烹！'——罢！罢！罢！但只是多了那《紧箍儿咒》。"唐僧道："我再不念了。"行者道："这个难说。若到那毒魔苦难处不得脱身，八戒、沙僧救不得你，那时节想起我来，忍不住又念诵起来，就是十万里路，我的头也是疼的；假如再来见你，不如不作此意。"

> 语言描写，表现出悟空对唐僧是非不分、糊涂绝情的失望。

唐僧见他言言语语，越添恼怒，滚鞍(ān)下马来，叫沙僧包袱内取出纸笔，即于涧下取水，石上磨墨，写了一纸贬(biǎn)书，递于行者道："猴头！执此为照！再不要你做徒弟了！如再与你相见，我就堕了阿鼻地狱！"行者连忙接了贬书道："师父，不消发誓，老孙去罢。"他将书折了，留在袖中，却又软款唐僧道："师父，我也是跟你一场，又蒙菩萨指教；今日半途而废，不曾成得功果，你请坐，受我一拜，我也去得放心。"

经典里的名人馆

> 悟空的这一拜表现了他对唐僧的感恩、眷恋和不舍。

唐僧转回身不睬，口里唧唧哝哝的道："我是个好和尚，不受你歹人的礼！"大圣见他不睬，又使个身外法，把脑后毫毛拔了三根，吹口仙气，叫"变！"即变了三个行者，连本身四个，四面围住师父下拜。那长老左右躲不脱，好道也受了一拜。

大圣跳起来，把身一抖，收上毫毛，却又吩咐沙僧道：

> 悟空临走时对沙僧的嘱咐，表现了他对师父的赤胆忠心。

"贤弟，你是个好人，却只要留心防着八戒诂言诂语①，途中更要仔细。倘一时有妖精拿住师父，你就说老孙是他大徒弟。西方毛怪，闻我的手段，不敢伤我师父。"唐僧道："我是个好和尚，不题你这歹人的名字。你回去罢。"那大圣见长老三番两复，不肯转意回心，没奈何才去。你看他：

噙(qín)泪叩头辞长老，含悲留意嘱沙僧。
一头拭(shì)迸坡前草，两脚登翻地上藤(téng)。
上天下地如轮转，跨海飞山第一能。
顷刻之间不见影，霎(shà)时疾返旧途程。

你看他忍气别了师父，纵筋斗云，径回花果山水帘洞去了。独自个凄凄惨惨，忽闻得水声聒(guō)耳。大圣在那半空里看时，原来是东洋大海潮发的声响。一见了，又想起唐僧，止不住腮(sāi)边泪坠，停云住步，良久方去。毕竟不知此去反复何如，且听下回分解。

（选自《西游记》第二十七回）

① 诂言诂语——花言巧语、胡说八道。

乐行乐思

白骨精先后变成了什么来欺骗唐僧?这个故事中的孙悟空和唐僧分别给你留下了怎样的印象?

> **相关阅读** 《西游记》
> 第四十回　婴儿戏化禅心乱　猿马刀圭木母空
> 第四十一回　心猿遭火败　木母被魔擒
> 第四十二回　大圣殷勤拜南海　观音慈善缚红孩

2. 大战红孩儿（节选）

善恶一时忘念，荣枯都不关心。晦明隐现任浮沉，随分饥餐渴饮。神静湛(zhàn)然常寂，昏冥便有魔侵。五行蹭蹬(cèng dèng)破禅(chán)林，风动必然寒凛(lǐn)。

却说那孙大圣引八戒别了沙僧，跳过枯松涧，径来到那怪石崖前。果见有一座洞府，真个也景致非凡。但见：

回銮(luán)古道幽还静，风月也听玄(xuán)鹤弄。
白云透出满川光，流水过桥仙意兴。
　　猿啸鸟啼花木奇，藤萝石蹬芝兰胜。
　　苍摇崖壑(hè)散烟霞，翠染松篁(huáng)招彩凤。
　　远列巅峰似插屏，山朝涧绕真仙洞。
　　昆仑地脉发来龙，有分有缘方受用。

> 环境描写，表现洞府景致非凡的特点。

将近行到门前，见有一座石碣(jié)，上镌(juān)八个大字，乃是"号山枯松涧火云洞"。那壁厢一群小妖，在那里抡枪舞剑的，跳风①玩耍。孙大圣厉声高叫道:"那小的们,趁早去报与洞主知道,教他送出我唐僧师父来,免你这一洞精灵的性命!牙进半个'不'字,我就掀翻了你的山场,躧(xǐ)平了你的洞府!"那些小妖闻得此言,慌忙急转身,各归洞里,关了两扇石门,到里边来报:"大王,祸事了!"

悟空的话表现了他的自信、英勇无畏。

却说那怪自把三藏拿到洞中,先剥了衣服,四马攒(cuán)蹄,捆在后院里,着小妖打干净水刷洗,要上笼蒸吃哩。忽听得报声祸事,且不刷洗,便来前庭上问:"有何祸事?"小妖道:"有个毛脸雷公嘴的和尚,带一个长嘴大耳的和尚,在门前要甚么唐僧师父哩。但若牙进半个'不'字,就要掀翻山场,躧平洞府。"魔王微微冷笑道:"这是孙行者与猪八戒。他却也会寻哩。我拿他师父,自半山中到此,有百五十里,却怎么就寻上门来?"教:"小的们,把管车的,推出车去!"那一班几个小妖,推出五辆小车儿来,开了前门。八戒望见道:"哥哥,这妖精想是怕我们,推出车子,往那厢搬哩。"行者道:"不是,且看他放在那里。"只见那小妖将车子按金、木、水、火、土安下,着五个看着,五个进去通报。那魔王问:"停当了?"答应:"停当了。"教:"取过枪来。"有那一伙管兵器的小妖,着两个抬出一杆丈八长的火尖枪,递与妖王。妖王抡枪拽步,也无甚么盔(kuī)甲,只是腰间束一条锦绣战裙,赤着脚,走出门前。行者与八戒抬头观看,但见那怪物:

面如敷粉三分白,唇若涂朱一表才。
鬓挽(wǎn)青云欺靛(diàn)染,眉分新月似刀裁。

---

① 跳风——踏空。

战裙巧绣盘龙凤,形比哪吒更富胎①。

双手绰(chāo)枪威凛冽,祥光护体出门来。

哏(gén)声响若春雷吼,暴眼明如掣电乖。

要识此魔真姓氏,名扬千古唤红孩。

那红孩儿怪出得门来,高呼道:"是甚么人,在我这里吆喝!"行者近前笑道:"我贤侄,莫弄虚头。你今早在山路旁,高吊在松树梢头,是那般一个瘦怯怯的黄病孩儿,哄了我师父。我倒好意驮着你,你就弄风儿把我师父摄(shè)将来。你如今又弄这个样子,我岂(qǐ)不认得你?趁早送出我师父,不要白②了面皮,失了亲情;恐令尊知道,怪我老孙以长欺幼,不像模样。"那怪闻言,心中大怒,咄(duō)的一声喝道:"那泼猴头!我与你有甚亲情?你在这里满口胡柴③,绰甚声经儿!那个是你贤侄?"行者道:"哥哥,是你也不晓得。当年我与令尊做弟兄时,你还不知在那里哩。"那怪道:"这猴子一发胡说!你是那里人,我是那里人,怎么得与我父亲做兄弟?"行者道:"你是不知。我乃五百年前大闹天宫的齐天大圣孙悟空是也。我当初未闹天宫时,遍游海角天涯,四大部洲,无方不到。那时节,专慕(mù)豪杰。令尊叫作牛魔王,称为平天大圣,与我老孙结为七弟兄,让他做了大哥;还有个蛟魔王,称为覆海大圣,做了二哥;又有个大鹏魔王,称为混天大圣,做了三哥;又有个狮驼(tuó)王,称为移山大圣,做了四哥;又有个猕(mí)猴王,称为通风大圣,做了五哥;又有个犭禺犭狨(yù róng)王,称为驱神大

> 通过红孩儿的疑问引出下文,推动情节的发展。

---

① 富胎——胖的意思。避讳说胖,变称富胎。现作富态。

② 白——人于急怒时脸气得煞白,这里指变脸。

③ 胡柴——就是胡说、胡扯。

圣，做了六哥；惟有老孙身小，称为齐天大圣，排行第七。我老弟兄们那时节耍子时，还不曾生你哩！"

那怪物闻言，那里肯信，举起火尖枪就刺。行者正是那会家不忙，又使了一个身法，闪过枪头，抡起铁棒，骂道："你这小畜生，不识高低！看棍！"那妖精也使身法，让过铁棒道："泼猢狲(hú sūn)，不达时务！看枪！"他两个也不论亲情，一齐变脸，各使神通，跳在云端里，好杀：

行者名声大，魔王手段强。一个横举金箍棒，一个直挺火尖枪。吐雾遮三界，喷云照四方。一天杀气凶声吼，日月星辰不见光。语言无逊(xùn)让，情意两乖张。那一个欺心失礼仪，这一个变脸没纲常。棒架威风长，枪来野性狂。一个是混元真大圣，一个是正果善财郎。二人努力争强胜，只为唐僧拜法王。

红孩儿与悟空打斗的场面精彩、激烈。

那妖魔与孙大圣战经二十合，不分胜败。猪八戒在旁边，看得明白：妖精虽不败阵，却只是遮拦隔架，全无攻杀之能；行者纵不赢他，棒法精强，来回只在那妖精头上，不离了左右。八戒暗想道："不好啊，行者溜撒，一时间丢个破绽(zhàn)，哄那妖魔钻进来，一铁棒打倒，就没了我的功劳。……"你看他抖擞精神，举着九齿钯，在空里，望妖精劈头就筑。那怪见了心惊，急拖枪败下阵来。行者喝教八戒："赶上！赶上！"

二人赶到他洞门前，只见妖精一只手举着火尖枪，站在那中间一辆小车儿上；一只手捻着拳头，往自家鼻子上捶了两拳。八戒笑道："这厮放赖不羞！你好道捶破鼻子，淌出些血来，搽红了脸，往那里告我们去耶(yé)？"那妖魔捶了两拳，念

> 红孩儿捶捶鼻子，念起咒语，口里喷火，就能燃起烧空大火，他的本领真不小！

个咒语，口里喷出火来，鼻子里浓烟迸出，闸闸眼①，火焰齐生。那五辆车子上，火光涌出。连喷了几口，只见那红焰焰大火烧空，把一座火云洞，被那烟火迷漫，真个是熯(hàn)天炽(chì)地。八戒慌了道："哥哥，不停当！这一钻在火里，莫想得活；把老猪弄做个烧熟的，加上香料，尽他受用哩！快走！快走！"说声走，他也不顾行者，跑过涧去了。

这行者神通广大，捏着避火诀，撞入火中，寻那妖怪。那妖怪见行者来，又吐上几口，那火比前更胜。好火：

炎炎烈烈盈(yíng)空燎(liáo)，赫(hè)赫威威遍地红。却似火轮飞上下，犹如炭屑舞西东。这火不是燧(suì)人钻木，又不是老子炮丹，非天火，非野火，乃是妖魔修炼成真三昧火。五辆车儿合五行，五行生化火煎成。肝木能生心火旺，心火致令脾土平。脾土生金金化水，水能生木彻通灵。生生化化皆因火，火遍长空万物荣。妖邪久悟呼三昧，永镇西方第一名。

行者被他烟火飞腾，不能寻怪，看不见他洞门前路径，抽身跳出火中。那妖精在门首看得明白。他见行者走了，却才收了火具，帅群妖转于洞内，闭了石门，以为得胜，着小的排宴奏乐，欢笑不题。

却说行者跳过枯松涧，按下云头，只听得八戒与沙僧朗朗的在松间讲话。行者上前喝八戒道："你这呆子，全无人气！

---

① 闸闸眼——眨眨眼。

你就惧怕妖火,败走逃生,却把老孙丢下。早是我有些南北①哩!"八戒笑道:"哥啊,你被那妖精说着了,果然不达时务。古人云:'识得时务者,呼为俊杰。'那妖精不与你亲,你强要认亲;既与你赌斗,放出那般无情的火来,又不走,还要与他恋战哩!"行者道:"那怪物的手段比我何如?"八戒道:"不济。"——"枪法比我何如?"八戒道:"也不济。老猪见他撑持不住,却来助你一钯,不期他不识耍,就败下阵来,没天理,就放火了。"行者道:"正是你不该来。我再与他斗几合,我取巧儿捞他一棒,却不是好?"他两个只管论那妖精的手段,讲那妖精的火毒。沙和尚倚着松根,笑得骇(ái)了。行者看见道:"兄弟,你笑怎么?你好道有甚手段,擒得那妖魔,破得那火阵?这桩事,也是大家有益的事。常言道:'众毛攒毬(qiú)。'你若拿得妖魔,救了师父,也是你的一件大功绩。"沙僧道:"我也没甚手段,也不能降妖。我笑你两个都着了忙也。"行者道:"我怎么着忙?"沙僧道:"那妖精手段不如你,枪法不如你,只是多了些火势,故不能取胜。若依小弟说,以相生相克拿他,有甚难处?"行者闻言,呵呵笑道:"兄弟说得有理。果然我们着忙了,忘了这事。若以相生相克之理论之,须是以水克火;却往那里寻些水来,泼灭这妖火,可不救了师父?"沙僧道:"正是这般。不必迟疑。"行者道:"你两个只在此间,莫与他索战,待老孙去东洋大海求借龙兵,将些水来,泼息妖火,捉这泼怪。"八戒道:"哥哥放心前去,我等理会得。"

悟空和八戒互相斗嘴,一个埋怨,一个辩解,从侧面反映出妖火的厉害。

---

① 南北——算计、计谋,这里作"有两下子"解释。

好大圣，纵云离此地，顷刻到东洋。却也无心看玩海景，使个逼水法，分开波浪。正行时，见一个巡海夜叉相撞，看见是孙大圣，急回到水晶宫里，报知那老龙王。敖广即率龙子龙孙、虾兵蟹卒一齐出门迎接，请里面坐。坐定，礼毕，告茶。行者道："不劳茶，有一事相烦。我因师父唐僧往西天拜佛取经，经过号山枯松涧火云洞，有个红孩儿妖精，号圣婴大王，把我师父拿了去。是老孙寻到洞边，与他交战，他却放出火来。我们禁不得他，想着水能克火，特来向你求些水去，与我下场大雨，泼灭了妖火，救唐僧一难。"那龙王道："大圣差来。若要求取雨水，不该来问我。"行者道："你是四海龙王，主司雨泽，不来问你，却去问谁？"龙王道："我虽司雨，不敢擅(shàn)专；须得玉帝旨意，盼咐在那地方，要几尺几寸，甚么时辰起住，还要三官举笔，太乙移文，会令了雷公、电母、风伯、云童。俗语云：'龙无云而不行'哩。"行者道："我也不用着风云雷电，只是要些雨水灭火。"龙王道："大圣不用风云雷电，但我一人也不能助力；着舍弟们同助大圣一功如何？"行者道："令弟何在？"龙王道："南海龙王敖钦、北海龙王敖顺、西海龙王敖闰(rùn)。"行者笑道："我若再游过三海，不如上界去求玉帝旨意了。"龙王道："不消大圣去，只我这里撞动铁鼓、金钟，他自顷刻而至。"行者闻其言道："老龙王，快撞钟鼓。"

悟空去东海龙宫请龙王助力降雨，推动故事情节的发展。

　　须臾(yú)间，三海龙王拥至，问："大哥，有何事命弟等？"敖广道："孙大圣在这里借雨助力降妖。"三弟即引进见毕，行者备言借水之事。众神个个欢从，即点起：

　　鲨鱼骁勇为前部，鳠(hù)鲭口大作先锋。

鲤元帅翻波跳浪，鳊(biān)提督吐雾喷风。

鲭(qīng)太尉东方打哨，鲌(bó)都司西路催征。

红眼马郎南面舞，黑甲将军北下冲。

鳇(huáng)把总中军掌号，五方兵处处英雄。

纵横机巧鼋(yuán)枢(shū)密，妙算玄微龟相公。

有谋有智鼍(tuó)丞相，多变多能鳖(biē)总戎(róng)。

横行蟹士抡长剑，直跳虾婆扯硬弓。

鲇(nián)外郎查明文簿，点龙兵出离波中。

> 这里用工整的句式写出龙王点出的精兵强将阵势浩大。

诗曰：

　　四海龙王喜助功，齐天大圣请相从。
　　只因三藏途中难，借水前来灭火红。

那行者领着龙兵，不多时，早到号山枯松涧上。行者道："敖氏昆玉，有烦远跋(bù)。此间乃妖魔之处，汝(rǔ)等且停于空中，不要出头露面。让老孙与他赌斗，若赢了他，不须列位捉拿；若输与他，也不用列位助阵；只是他但放火时，可听我呼唤，一齐喷雨。"龙王俱如号令。

> 语言描写，表现了孙悟空的胆大心细、自信勇敢。

行者却按云头，入松林里，见了八戒、沙僧，叫声"兄弟"。八戒道："哥哥来得快呀！可曾请得龙王来？"行者道："俱来了。你两个切须仔细，只怕雨大，莫湿了行李，待老孙与他打去。"沙僧道："师兄放心前去，我等俱理会得了。"

> "仰面笑道"写出红孩儿的狂妄自大,不把悟空放在眼里。

行者跳过涧,到了门首,叫声"开门!"那些小妖又去报道:"孙行者又来了。"红孩仰面笑道:"那猴子想是火中不曾烧了他,故此又来。这一来切莫饶他,断然烧个皮焦肉烂才罢!"急纵身,挺着长枪,教:"小的们,推出火车子来!"他出门前,对行者道:"你又来怎的?"行者道:"还我师父来。"那怪道:"你这猴头,忒(tē)不通变。那唐僧与你做得师父,也与我做得按酒,你还思量要他哩。莫想!莫想!"行者闻言,十分恼怒,掣金箍棒劈头就打。那妖精使火尖枪,急架相迎。这一场赌斗,比前不同。好杀:

　　怒发泼妖魔,恼急猴王将。这一个专救取经僧,那一个要吃唐三藏。心变没亲情,情疏无义让。这个恨不得捉住活剥皮,那个恨不得拿来生蘸(zhàn)酱。真个忒英雄,果然多猛壮。棒来枪架赌输赢,枪去棒迎争下上。举手相轮二十回,两家本事一般样。

> 红孩儿打不过孙悟空,再次喷火。早有准备的龙王兄弟用水能浇灭三昧真火吗?

那妖王与行者战经二十回合,见得不能取胜,虚幌一枪,急抽身,捏着拳头,又将鼻子捶了两下,却就喷出火来。那门前车子上,烟火迸起;口眼中,赤焰飞腾。孙大圣回头叫道:"龙王何在?"那龙王兄弟帅众水族,望妖精火光里喷下雨来。好雨!真个是:

　　潇潇洒洒,密密沉沉。潇潇洒洒,如天边坠落银星;密密沉沉,似海口倒悬浪滚。起初时如拳大小,次后来瓮(wèng)泼盆倾。满地浇流鸭顶绿,高山洗出佛头青。沟壑水飞千丈玉，涧泉波涨万条银。三叉路口看看满，九曲溪中渐渐平。这个是唐僧有难神龙助，扳(bān)倒天河往下倾。

那雨淙(cóng)淙大小，莫能止息那妖精的火势。原来龙王私雨，只好泼得凡火；妖精的三昧真火，如何泼得？好一似火上浇油，越泼越灼(zhuó)。大圣道："等我捻着诀，钻入火中！"抡铁棒，寻妖要打。那妖见到他来到，将一口烟劈脸喷来。行者急回头，熰(chǎo)得眼花雀乱，忍不住泪落如雨。原来这大圣不怕火，只怕烟。当年因大闹天宫时，被老君放在八卦炉中，煅(duàn)过一番。他幸在那巽(xùn)位安身，不曾烧坏。只是风搅得烟来，把他熰做火眼金睛，故至今只是怕烟。那妖又喷一口，行者当不得，纵云头走了。那妖王却又收了火具，回归洞府。

这大圣一身烟火，炮燥难禁，径投于涧水内救火。怎知被冷水一逼，弄得火气攻心，三魂出舍。可怜气塞胸膛喉舌冷，魂飞魄散丧残生！慌得那四海龙王在半空里，收了雨泽，高声大叫："天蓬元帅！卷帘将军！休在林中藏隐，且寻你师兄出来！"

八戒与沙僧听得呼他圣号，急忙解了马、挑着担出林来，也不顾泥泞，顺涧边找寻。只见那上溜头翻波滚浪，急流中淌下个人来。沙僧见了，连衣跳下水中，抱上岸来，却是孙大圣身躯。你看他蜷(quán)局四肢伸不得，浑身上下冷如冰。沙和尚满眼垂泪道："师兄！可惜了你，亿万年不老长生客，如今化作个中途短命人！"八戒笑道："兄弟莫哭。

> 看悟空四肢不动，沙和尚垂泪伤心，表现了他的善良淳朴；八戒的言行则表现了他的聪明、乐观。

这猴子推佯死,吓我们哩。你摸他摸,胸前还有一点热气没有?"沙僧道:"浑身都冷了,就有一点儿热气,怎的就得回生?"八戒道:"他有七十二般变化,就有七十二条性命。你扯着脚,等我摆布他。"真个那沙僧扯着脚,八戒扶着头,把他拽个直,推上脚来,盘膝坐定。八戒将两手搓热,仵住他的七窍,使一个按摩禅法。原来那行者被冷水逼了,气阻丹田,不能出声。却幸得八戒按摩揉擦,须臾间,气透三关,转明堂,冲开孔窍,叫了一声:"师父啊!"沙僧道:"哥啊,你生为师父,死也还在口里。且苏醒,我们在这里哩。"行者睁开眼道:"兄弟们在这里?老孙吃了亏也!"八戒笑道:"你才子发昏的,若不是老猪救你啊,已此了帐了,还不谢我哩!"行者却才起身,仰面道:"敖氏弟兄何在?"那四海龙王在半空中答应道:"小龙在此伺候。"行者道:"累你远劳,不曾成得功果,且请回去,改日再谢。"龙王帅水族泱(yāng)泱而回,不在话下。

写悟空的伤心难过,从侧面说明了红孩儿的法力高强。

沙僧搀着行者,一同到松林之下坐定。少时间,却定神顺气,止不住泪滴腮边,又叫:"师父啊!忆昔当年出大唐,岩前救我脱灾殃。三山六水遭魔障,万苦千辛割寸肠。托钵(bō)朝餐随厚薄,参禅暮宿或林庄。一心指望成功果,今日安知痛受伤!"沙僧道:"哥哥,且休烦恼。我们早安计策,去那里请兵助力,搭救师父耶。"行者道:"那里请救么?"沙僧道:"当初菩萨吩咐,着我等保护唐僧,他曾许我们,叫天天应,叫地地应。那里请救去?"行者道:"想老孙大闹天宫时,那些神兵都禁不得我。这妖精神通不小,须是比老孙手段大些的,才降得他哩。天神不济,地煞不能,若要拿此妖魔,须是去请观音菩萨才好。奈何我皮肉酸麻,腰膝疼痛,驾不起筋斗云,怎生请得?"八戒道:"有甚话吩咐,等我去请。"行者笑道:"也罢,你是去得。若见了菩萨,切休仰视,只可低头礼拜。等他问时,你却将地名、妖名说与他,再请救师父之事。他若肯来,定取擒了怪物。"八戒闻言,即便驾了云雾,向南而去。

却说那个妖王在洞里欢喜道:"小的们,孙行者吃了亏去了。这一阵虽不得他死,好道也发个大昏。——咦,只怕他又请救兵来也。快开门,等我去看他请谁。"

众妖开了门,妖精就跳在空里观看,只见八戒往南去了。妖精想着南边再无他处,断然是请观音菩萨,急按下云,叫:"小的们,把我那皮袋寻出来。多时不用,只恐口绳不牢,与我换上一条,放在二门之下,等我去把八戒赚将回来,装于袋内,蒸得稀烂,犒(kào)劳你们。"原来那妖精有一个如意的皮袋。众小妖拿出来,换了口绳,安于洞门内不题。

> 红孩儿发现八戒往南而去,便料定他是去请观音菩萨,可见他的聪明、机灵。

却说那妖王久居于此,俱是熟游之地。他晓得那条路上南海去近,那条去远。他从那近路上一驾云头,赶过了八戒,端坐在壁岩之上,变作一个"假观世音"模样,等候着八戒。

那呆子正纵云行处,忽然望见菩萨。他那里识得真假?这才是见像作佛。呆子停云下拜道:"菩萨,弟子猪悟能叩(kòu)头。"妖精道:"你不保唐僧去取经,却见我有何事干?"八戒道:"弟子因与师父行至中途,遇着号山枯松涧火云洞,有个红孩儿妖精,他把我师父摄了去。是弟子与师兄等寻上他门,与他交战。他原来会放火,头一阵,不曾得赢;第二阵,请龙王助雨,也不能灭火。师兄被他烧坏了,不能行动,着弟子来请菩萨。万望垂慈,救我师父一难!"妖精道:"那火云洞洞主，不是个伤生的；一定是你们冲撞了他也。"八戒道："我不曾冲撞他，是师兄悟空冲撞他的。他变作一个小孩子，吊在树上，试我师父。师父甚有善心，教我解下来，着师兄驮他一程。是师兄捵了他一捵，他就弄风儿，把师父摄去了。"妖精道："你起来，跟我进那洞里见洞主，与你说个人情，你赔一个礼，把你师父讨出来罢。"八戒道："菩萨呀，若肯还我师父，就磕（kē）他一个头也罢。"

> 搬救兵心切的猪八戒对假观音的话深信不疑。

妖王道："你跟来。"那呆子不知好歹，就跟着他，径回旧路，却不向南洋海，随赴火云门。顷刻间，到了门首。妖精进去道："你休疑忌（jì）。他是我的故人，你进来。"呆子只得举步入门。众妖齐呐喊，将八戒捉倒，装于袋内。束紧了口绳，高吊在驮梁之上。妖精现了本相，坐在当中道："猪八戒，你有甚么手段，就敢保唐僧取经，就敢请菩萨降我？你大睁着两个眼，还不认得我是圣婴大王哩！如今拿你，吊得三五日，蒸熟了赏赐小妖，权为案酒！"八戒听言，在里面骂道："泼怪物！十分无礼！若论你百计千方，骗了我吃，管教你一个个遭肿头天瘟（wēn）！"呆子骂了又骂，嚷了又嚷，不题。

却说孙大圣与沙僧正坐，只见一阵腥风刮面而过，他就打了个喷嚏（tì）道："不好！不好！这阵风凶多吉少。想是猪八戒走错路也。"沙僧道："他错了路，不会问人？"行者道："想必撞见妖精了。"沙僧道："撞见妖精，他不会跑回？"行者道："不停当；你坐在这里看守，等我跑过涧去打听打听。"沙僧道："师兄腰疼，只恐又着他手，等小弟去罢。"行者道："你不济事，还让我去。"

好行者，咬着牙，忍着疼，捻着铁棒，走过涧，到那火云

2. 大战红孩儿（节选）

洞前，叫声"妖怪！"那把门的小妖，又急入里报："孙行者又在门首叫哩！"那妖王传令叫拿，那伙小妖，枪刀簇拥，齐声呐叫，即开门，都道："拿住！拿住！"行者果然疲倦，不敢相迎，将身钻在路旁，念个咒语叫"变！"即变作一个销金包袱(fú)。小妖看见，报道："大王，孙行者怕了；只见说一声'拿'字，慌得把包袱丢下，走了。"妖王笑道："那包袱也无甚么值钱之物，左右是和尚的破偏衫，旧帽子，背进来拆洗做补衬①。"一个小妖果将包袱背进，不知是行者变的。行者道："好了！这个销金包袱，背着了！"那妖精不以为事，丢在门内。

> 悟空不顾疼痛，毅然前往火云洞打探消息，表现了他的英勇无畏、坚韧不拔。

好行者，假中又假，虚里还空：即拔一根毫毛，吹口仙气，变作个包袱一样；他的真身却又变作一个苍蝇儿，叮在门枢上。只听得八戒在那里哼哩哼的，声音不清，却似一个瘟猪。行者嘤(yīng)的飞了去寻时，原来他吊在皮袋里也。行者叮在皮袋，又听得他恶言恶语骂道，妖怪长，妖怪短，"你怎么假变作个观音菩萨，哄我回来，吊我在此，还说要吃我！有一日我师兄：

> 行者先变作包袱，后变作苍蝇，表现了他的聪明机智、神通广大、变化多端。

　　大展齐天无量法，满山泼怪等时擒！
　　解开皮袋放我出，筑你千钯方趁心！"

行者闻言，暗笑道："这呆子虽然在这里面受闷气，却还不倒了旗枪。老孙一定要拿了此怪。若不如此，怎生雪恨！"

---

① 补衬——残破碎布，不能做衣服，只能作打补丁、衬里子用。

　　正欲设法拯(zhěng)救八戒出来,只听那妖王叫道:"六健将何在?"时有六个小妖,是他知己的精灵,封为健将,都有名字:一个叫作云里雾,一个叫作雾里云;一个叫作急如火,一个叫作快如风;一个叫作兴烘掀,一个叫作掀烘兴。六健将上前跪下。妖王道:"你们认得老大王家么?"六健将道:"认得。"妖王道:"你与我星夜去请老大王来,说我这里捉唐僧蒸与他吃,寿延千纪。"六怪领命,一个个厮(sī)拖厮扯,径出门去了。行者嘤的一声,飞下袋来,跟定那六怪,躲离洞中。毕竟不知怎的请来,且听下回分解。

(选自《西游记》第四十一回)

　　在这个故事中,悟空三人为救师父遇到了哪些困难?他们又是如何解决的?

> **相关阅读** 《西游记》
> 第五十七回　真行者落伽山诉苦　假猴王水帘洞誊文
> 第五十八回　二心搅乱大乾坤　一体难修真寂灭

3. 真假美猴王（节选）

却说孙大圣恼恼闷闷，起在空中，欲待回花果山水帘洞，恐本洞小妖见笑，笑我出乎尔反乎尔，不是个大丈夫之器；欲待要投奔天宫，又恐天宫内不容久住；欲待要投海岛，却又羞见那三岛诸仙；欲待要奔龙宫，又不服气求告龙王；真个是无依无倚，苦自忖量道："罢！罢！罢！我还去见我师父，还是正果。"

遂按下云头，径至三藏马前侍立道："师父，恕弟子这遭！向后再不敢行凶，一一受师父教诲。千万还得我保你西天去也。"唐僧见了，更不答应，兜住马，即念《紧箍儿咒》。颠来倒去，又念有二十余遍，把大圣咒倒在地，箍儿陷在肉里有一寸来深浅，方才住口道："你不回去，又来缠我怎的？"行者只教："莫念！莫念！我是有处过日子的，只怕你无我去不得西天。"三藏发怒道："你这猢狲杀生害命，连累了我多少，如今实不要你了！我去得去不得，不干你事！快走，快走！迟了些儿，我又念真言。这番决不住口，把你脑浆都勒出来哩！"大圣疼痛难忍，见师父更不回心，没奈何，只得又驾筋斗云，起在空中。忽然省悟道："这和尚

语言描写，表现出唐僧心意已决。

负了我心，我且向普陀(tuó)崖告诉观音菩萨去来。"

好大圣，拨回筋斗，那消一个时辰，早至南洋大海。住下祥光，直至落伽(jiā)山上，撞入紫竹林中，忽见木叉行者迎面作礼道："大圣何往？"行者道："要见菩萨。"木叉即引行者至潮音洞口，又见善财童子作礼道："大圣何来？"行者道："有事要告菩萨。"善财听见一个"告"字，笑道："好刁嘴猴儿！还像当时我拿住唐僧被你欺哩！我菩萨是个大慈大悲、大愿大乘、救苦救难、无边无量的圣善菩萨，有甚不是处，你要告他？"行者满怀闷气，一闻此言，心中怒发，咄的一声，把善财童子喝了个倒退，道："这个背义忘恩的小畜生，着实愚鲁！你那时节作怪成精，我请菩萨收了你，皈(guī)正迦持，如今得这等极乐长生，自在逍遥，与天同寿，还不拜谢老孙，转倒这般侮慢！我是有事来告求菩萨，却怎么说我刁嘴要告菩萨？"善财赔笑道："还是个急猴子。我与你作笑耍子，你怎么就变脸了？"

"泪如泉涌""放声大哭"写出悟空的伤心、委屈。

正讲处，只见白鹦歌飞来飞去，知是菩萨呼唤，木叉与善财，遂向前引导，至宝莲台下。行者望见菩萨，倒身下拜，止不住泪如泉涌，放声大哭。菩萨教木叉与善财扶起道："悟空，有甚伤感之事，明明说来。莫哭，莫哭，我与你救苦消灾也。"行者垂泪再拜道："当年弟子为人，曾受那个气来？自蒙菩萨解脱天灾，秉(bǐng)教沙门，保护唐僧往西天拜佛求经，我弟子舍身拼命，救解他的魔障，就如老虎口里夺脆骨，蛟龙背上揭生鳞(lín)。只指望归真正果，洗业除邪，怎知那长老背义忘恩，直迷了一片善缘，更不察皂白之苦！"菩萨道："且说那皂白原因来我听。"行者即将那打杀草寇前后始终，细陈了一遍。却说唐僧因他打死多人,心生怨恨,不分皂白,遂念《紧箍儿咒》,赶他几次。上天无路,入地无门,特来告诉菩萨。菩萨道:"唐三藏奉旨投西,一心要秉善为僧,决不轻伤性命。似你有无量神通,何苦打死许多草寇(kòu)!草寇虽是不良,到底是个人身,不该打死。比那妖禽怪兽、鬼魅精魔不同。那个打死,是你的功绩;这人身打死,还是你的不仁。但祛(qū)退散,自然救了你师父。据我公论,还是你的不善。"

行者噙泪叩头道:"纵是弟子不善,也当将功折罪,不该这般逐我。万望菩萨,舍大慈悲,将《松箍儿咒》念念,褪下金箍,交还与你,放我仍往水帘洞逃生去罢!"菩萨笑道:"《紧箍儿咒》,本是如来传我的。当年差我上东土寻取经人,赐我三件宝贝,乃是锦襕(lán)袈裟(jiā shā)、九环锡杖、金紧禁三个箍儿。秘授与咒语三篇,却无甚么《松箍儿咒》。"行者道:"既如此,我告辞菩萨去也。"菩萨道:"你辞我往哪里去?"行者道:"我上西天,拜告如来,求念《松箍儿咒》去也。"菩萨道:"你且住,我与你看看祥晦(huì)如何。"行者道:"不消看,只这样不祥也够了。"菩萨道:"我不看你,看唐僧的祥晦。"

悟空请求菩萨为他去掉紧箍咒,重回花果山。

好菩萨,端坐莲台,运心三界,慧眼遥观,遍周宇宙,霎(shà)时间开口道:"悟空,你那师父顷刻之际,就有伤身之难,不久便来寻你。你只在此处,待我与唐僧说,教他还同你去取经,了成正果。"孙大圣只得皈依,不敢造次,侍立于宝莲台下不题。

却说唐长老自赶回行者，教八戒引马，沙僧挑担，连马四口，奔西走不上五十里远近，三藏勒马道："徒弟，自五更时出了村舍，又被那弼(bì)马温着了气恼，这半日饥又饥，渴又渴，那个去化些斋来我吃？"八戒道："师父且请下马，等我看可有邻近的庄村，化斋去也。"三藏闻言，滚下马来。呆子纵起云头，半空中仔细观看，一望尽是山岭，莫想有个人家。八戒按下云来，对三藏道："却是没处化斋。一望之间，全无庄舍。"三藏道："既无化斋之处，且得些水来解渴也可。"八戒道："等我去南山涧下取些水来。"沙僧即取钵盂，递与八戒。八戒托着钵盂，驾起云雾而去。那长老坐在路旁，等够多时，不见回来，可怜口干舌苦难熬。有诗为证。诗曰：

> 保神养气谓之精，情性原来一禀(bǐng)形。
> 心乱神昏诸病作，形衰精败道元倾。
> 三花不就空劳碌，因大萧条枉费争。
> 土木无功金水绝，法身疏懒几时成！

沙僧在旁，见三藏饥渴难忍，八戒又取水不来，只得稳了行囊，拴牢了白马道："师父，你自在着，等我去催水来。"长老含泪无言，但点头相答。沙僧急驾云光，也向南山而去。

那师父独炼自熬，渴之太甚。正在怆惶(chuàng huáng)之际，忽听得一声响亮，唬得长老欠身看处，原来是孙行者跪在路旁，双手捧着一个瓷杯道："师父，没有老孙，你连水也不能够哩。这一杯好凉水，你且吃口水解渴，待我再去化斋。"长老道："我不吃你的水！立地渴死，我当认命！不要你了！你去罢！"行者道："无我你去不得西天也。"三藏道："去得去不得，不干你事！泼猢狲！只管来缠我做甚！"那行者变了脸，发怒生嗔,喝骂长老道:"你这个狠心的泼秃,十分贱我!"抡铁棒,丢了瓷杯,望长老脊背上砑(yà)了一下。那长老昏晕在地,不能言语,被他把两个青毡包袱,提在手中,驾筋斗云,不知去向。

一向尊重师父、对唐僧忠心耿耿的孙悟空此时为何会打骂师父呢?设置悬念,引人入胜。

却说八戒托着钵盂,只奔山南坡下,忽见山凹(āo)之间,有一座草舍人家。原来在先看时,被山高遮住,未曾见得;今来到边前,方知是个人家。呆子暗想道:"我若是这等丑嘴脸,决然怕我,枉劳神思,断然化不得斋饭。……须是变好!须是变好!……"

好呆子,捻着诀,念个咒,把身摇了七八摇,变作一个食痨(láo)病黄胖和尚,口里哼哼噴噴的,挨近门前,叫道:"施主,厨中有剩饭,路上有饥人。贫僧是东土来,往西天取经的。我师父在路饥渴了,家中有锅巴冷饭,千万化些儿救口。"原来那家子男人不在,都去插秧种谷去了;只有两个女人在家,正才煮了午饭,盛起两盆,却收拾送下田,锅里还有些饭与锅巴,未曾盛了。那女人见他这等病容,却又说东土往西天去的话,只恐他是病昏了胡说;又怕跌倒,死在门首。只得哄哄拿(ná)拿,将些剩饭锅巴,满满的与了一钵。呆子拿转来,现了本像,径回旧路。

交代了八戒取水久久不回的缘由。

正走间,听得有人叫"八戒"。八戒抬头看时,却是沙僧站在山崖上喊道:"这里来!这里来!"及下崖,迎至面前道:"这涧里好清水不舀(yǎo),你往那里去的?"八戒笑道:"我到这里,见山凹子有个人家,我去化了这一钵干饭来了。"沙僧道:"饭也用着,只是师父渴得紧了,怎得水去?"八戒道:

"要水也容易；你将衣襟来兜(dōu)着这饭，等我使钵盂去舀水。"

二人欢欢喜喜，回至路上，只见三藏面磕地，倒在尘埃；白马撒缰，在路旁长嘶跑跳；行李挑不见踪影。慌得八戒跌脚捶胸，大呼小叫道："不消讲！不消讲！这还是孙行者赶走的余党，来此打杀师父，抢了行李去了！"沙僧道："且去把马拴住！"只叫："怎么好！怎么好！这诚所谓半途而废，中道而止也！"叫一声："师父！"满眼抛珠，伤心痛哭。八戒道："兄弟，且休哭。如今事已到此，取经之事，且莫说了。你看着师父的尸灵，等我把马骑到那个府州县乡村店集卖几两银子，买口棺木，把师父埋了，我两个各寻道路散伙。"

沙僧实不忍舍，将唐僧扳转身体，以脸温脸，哭一声："苦命的师父！"只见那长老口鼻中吐出热气，胸前温暖。连叫："八戒，你来！师父未伤命哩！"这呆子才近前扶起。长老苏醒，呻吟一会，骂道："好泼猢狲，打杀我也！"沙僧、八戒问道："是那个猢狲？"长老不言，只是叹息。却讨水吃了几口，才说："徒弟，你们刚去，那悟空又来缠我。是我坚执不收，他遂将我打了一棒，青毡包袱都抢去了。"八戒听说，咬响口中牙，发起心头火道："叵耐这泼猴子，怎敢这般无礼！"教沙僧道："你服侍师父，等我到他家讨包袱去！"沙僧道："你且休发怒。我们扶师父到那山凹人家化些热茶汤，将先化的饭热热，调理师父，再去寻他。"

八戒依言，把师父扶上马，拿着钵盂，兜着冷饭，直至那

> 沙僧的言行举止表现了他的敦厚善良、有情有义。

> 语言描写，表现了八戒对悟空打师父行为的极度愤怒与不满之情。

家门首。只见那家只有个老婆子在家，忽见他们，慌忙躲过。沙僧合掌道："老母亲，我等是东土唐朝差往西天去者。师父有些不快，特拜府上，化口热茶汤，与他吃饭。"那妈妈道："适才有个食痨病和尚，说是东土差来的，已化斋去了，怎么又有个甚么东土的？我没人在家，请别转转。"长老闻言，扶着八戒，下马躬身道："老婆婆，我弟子有三个徒弟，合意同心，保护我上天竺国大雷音拜佛求经。只因我大徒弟——唤孙悟空———生凶恶，不遵善道，是我逐回。不期他暗暗走来，着我背上打了一棒，将我行囊衣钵抢去。如今要着一个徒弟寻他取讨，因在那空路上不是坐处，特来老婆婆府上权安息一时。待讨将行李来就行，决不敢久住。"那妈妈道："刚才一个食痨病黄胖和尚，他化斋去了，也说是东土往西天去的，怎么又有一起？"八戒忍不住笑道："就是我。因我生得嘴长耳大，恐你家害怕，不肯与斋，故变作那等模样。你不信，我兄弟衣兜里不是你家锅巴饭？"

那妈妈认得果是他与的饭，遂不拒他，留他们坐了。却烧了一罐热茶，递与沙僧泡饭。沙僧即将冷饭泡了，递与师父。师父吃了几口，定性多时道："那个去讨行李？"八戒道："我前年因师父赶他回去，我曾寻他一次，认得他花果山水帘洞。等我去！等我去！"长老道："你去不得。那猢狲原与你不和，你又说话粗鲁，或一言两句之间，有些差池，他就要打你。着悟净去罢。"沙僧应承道："我去，我去。"长老又吩咐沙僧道："你到那里，须看个头势。他若肯与你包袱，你就假谢谢拿来；若不肯，切莫与他争竞，径至南海菩萨处，将此情告诉，请菩萨去问他要。"沙僧一一听从。向八戒道："我今寻他去，你千方莫僝僽（chán zhòu），好生供养师父。这人家亦不可撒泼，恐他不肯供饭。我去就回。"八戒点头道："我理会得。但你去，讨得讨不得，越早回来，不要弄作'尖担担柴两头脱'也。"沙僧遂捻了诀，驾起云光，直奔东胜神洲而去。真个是：

> 身在神飞不守舍，有炉无火怎烧丹。
> 黄婆别主求金老，木母延师奈病颜。
> 此去不知何日返，这回难量几时还。
> 五行生克情无顺，只待心猿复进关。

那沙僧在半空里，行经三昼夜，方到了东洋大海。忽闻波浪之声，低头观看，真个是黑雾涨天阴气盛，沧溟御日晓光塞。他也无心观玩，望仙山渡过瀛(yíng)洲，向东方直抵花果山界。乘海风，踏水势，又多时，却望见高峰排戟(jǐ)，峻壁悬屏。即至峰头按云，找路下山，寻水帘洞。步近前，只听得一派喧声，见那山中无数猴精，滔滔乱嚷。沙僧又近前仔细再看，原来是孙行者高坐石台之上，双手扯着一张纸，朗朗的念道：

"东土大唐王皇帝李，驾前敕命御弟圣僧陈玄奘(zàng)法师，上西方天竺国娑婆灵山大雷音寺专拜如来佛祖求经。朕(zhèn)因促病侵身，魂游地府，幸有阳数臻(zhēn)长，感冥(míng)君放送回生，广陈善会，修建度亡道场。盛蒙救苦救难观世音菩萨金身出现，指示西方有佛有经，可度幽(yōu)亡超脱，特着法师玄奘，远历千山，询求经偈(jì)。倘过西邦诸国，不灭善缘，照牒(dié)施行。

大唐贞观一十三年秋吉日御前文牒。自别大国以来，经度诸邦，中途收得大徒弟孙悟空行者，二徒弟猪悟能八戒，三徒弟沙悟净和尚。"

念了从头又念。沙僧听得是通关文牒，止不住近前厉声高叫："师兄，师父的关文你念他怎的？"那行者闻言，急抬头，不认得是沙僧，叫："拿来！拿来！"众猴一齐围绕，把沙僧拖拖扯扯，拿近前来，喝道："你是何人，擅敢近吾仙洞？"沙僧见他变了脸，不肯相认，只得朝上行礼道："上告师兄。前者实是师父性暴，错怪了师兄，把师兄咒了几遍，逐赶回家。一则弟等未曾劝解，二来又为师父饥渴去寻水化斋。不意师兄好意复来，又怪师父执法不留，遂把师父打倒，昏晕在地，将行李抢去。后救转师父，特来拜兄。若不恨师父，还念昔日解脱之恩，同小弟将行李回见师父，共上西天，了此正果。倘怨恨之深，不肯同去，千万把包袱赐弟，兄在深山，乐桑榆(yú)晚景，亦诚两全其美也。"

> 沙僧"朝上行礼"，表明他对悟空这位大师兄的尊敬。

行者闻言，呵呵冷笑道："贤弟，此论甚不合我意。我打唐僧，抢行李，不因我不上西方，亦不因我爱居此地；我今熟读了牒文，我自己上西方拜佛求经，送上东土，我独成功，教那南赡(shàn)部洲人立我为祖，万代传名也。"沙僧笑道："师兄言之欠当。自来没个'孙行者取经'之说。我佛如来造下三藏真经，原着观音菩萨向东土寻取经人求经，要我们苦历千山，询求诸国，保护那取经人。菩萨曾言：取经人乃如来门生，号曰金蝉(chán)长老。只因他不听佛祖谈经，贬下灵山，转生东土，教他果正西方，复修大道。遇路上该有这般魔障，解脱我等三人，与他做护法。兄若不得唐僧去，那个佛祖肯传经与你！却不是空劳一场神思也？"那行者道："贤弟，你原来懵(méng)懂，但知其一，不知其二。谅你说你有唐僧，同我保护，我就没有唐僧？我这里另选个有道的真僧在此，老孙独力

那行者竟然请出了唐僧师徒三人。这是怎么回事呢？情节一波三折。

扶持，有何不可！已选明日大走①起身去矣。你不信，待我请来你看。"叫："小的们，快请老师父出来。"果跑进去，牵出一匹白马，请出一个唐三藏，跟着一个八戒，挑着行李；一个沙僧，拿着锡杖。

这沙僧见了大怒道："我老沙行不更名，坐不改姓，那里又有一个沙和尚！不要无礼！吃我一杖！"好沙僧，双手举降妖杖，把一个"假沙僧"劈头一下打死，原来这是一个猴精。那行者恼了，抡金箍棒，帅众猴，把沙僧围了。沙僧东冲西撞，打出路口，纵云雾逃生道："这泼猴如此愆懒，我告菩萨去来！"那行者见沙僧打死一个猴精，把沙和尚逼得走了，他也不来追赶。回洞教小的们把打死的妖尸拖在一边，剥了皮，取肉煎炒，将椰子酒、葡萄酒，同群猴都吃了。另选一个会变化的妖猴，还变一个沙和尚，从新教道，要上西方不题。

沙僧一驾云离了东海，行经一昼夜，到了南海。正行时，早见落伽山不远，急至前，低停云雾观看。好去处！果然是：

包乾(qián)之奥，括坤(kūn)之区。会百川而浴日滔星，归众流而生风漾月。潮发腾凌大鲲化，波翻浩荡巨鳌游。水通西北海，浪合正东洋。四海相连同地脉，仙方洲岛各仙宫。休言满地蓬莱(lái)，且看普陀云洞。好景致！山头霞彩壮元精，岩下祥风漾月晶。紫竹林中飞孔雀，绿杨枝上语灵鹦。琪花瑶草年年秀，宝树金莲岁岁生。白鹤几番朝顶上，素鸾数次到山亭。游鱼也解修真性，跃浪穿波听讲经。

---

① 大走——长行、远行。

3. 真假美猴王（节选）

沙僧徐步落伽山，玩看仙境。只见木叉行者当面相迎道："沙悟净，你不保唐僧取经，却来此何干？"沙僧作礼毕，道："有一事特来朝见菩萨，烦为引见引见。"木叉情知是寻行者，更不题起，即先进去对菩萨道："外有唐僧的小徒弟沙悟净朝拜。"孙行者在台下听见，笑道："这定是唐僧有难，沙僧来请菩萨的。"菩萨即命木叉门外叫进。这沙僧倒身下拜。拜罢，抬头正欲告诉前事，忽见孙行者站在旁边，等不得说话，就掣降妖杖望行者劈脸便打。这行者更不回手，撤身躲过。沙僧口里乱骂道："我把你个犯十恶造反的泼猴！你又来影瞒菩萨哩！"菩萨喝道："悟净不要动手。有甚事先与我说。"

> 沙僧一见悟空，掣杖就打，表现了他对悟空的痛恨与愤怒的心情。

沙僧收了宝杖，再拜台下，气冲冲的对菩萨道："这猴一路行凶，不可数计。前日在山坡下打杀两个剪路的强人，师父怪他；不期晚间就宿在贼窝主家里，又把一伙贼人尽情打死，又血淋淋提一个人头来与师父看。师父唬得跌下马来，骂了他几句，赶他回来。分别之后，师父饥渴太甚，教八戒去寻水。久等不来，又教我去寻他。不期孙行者见我二人不在，复回来把师父打一铁棍，将两个青毡包袱抢去。我等回来，将师父救醒，特来他水帘洞寻他讨包袱，不想他变了脸，不肯认我，将师父关文念了又念。我问他念了做甚，他说不保唐僧，他要自上西天取经，送上东土，算他的功果，立他为祖，万古传扬。我又说：'没唐僧，那肯传经与你？'他说他选了一个有道的真僧。及请出，果是一匹白马，一个唐僧，后跟着八戒、沙僧。我道：'我便是沙和尚，那里又有个沙和尚？'是我赶上前，打了他一宝杖，原来是个猴精。他就帅众拿我，是我特来告请菩萨。不知他会使筋斗云，预先到此处；又不知他将甚巧语花

经典里的名人馆

沙僧向菩萨告孙悟空的状，菩萨却说悟空一直在自己身边。难道真的有两个悟空？

言，影瞒菩萨也。"菩萨道："悟净，不要赖人。悟空到此，今已四日。我更不曾放他回去，他那里有另请唐僧，自去取经之意？"沙僧道："现如今水帘洞有一个孙行者，怎敢欺诳(kuáng)？"菩萨道："既如此，你休发急，教悟空与你同去花果山看看。是真难灭，是假易除。到那里自见分晓。"这大圣闻言，即与沙僧辞了菩萨。这一去，到那：花果山前分皂白，水帘洞口辨真邪。毕竟不知如何分辨，且听下回分解。

（选自《西游记》第五十七回）

乐行乐思

对比一下真假两个孙悟空，他们有什么不同之处？如果他们俩都在你的面前，你会怎样分辨真假呢？

相关阅读

《西游记》

第五十九回　唐三藏路阻火焰山　孙行者一调芭蕉扇
第六十回　　牛魔王罢战赴华筵　孙行者二调芭蕉扇
第六十一回　猪八戒助力破魔王　孙行者三调芭蕉扇

4. 三借芭蕉扇（节选）

若干种性本来同，海纳无穷。千思万虑终成妄，般般色色和融。有日功完行满，圆明法性高隆。休教差别走西东，紧锁牢笼(lóng)①。收来安放丹炉内，炼得金乌一样红。朗朗辉辉娇艳，任教出入乘龙。

话表三藏遵菩萨教旨，收了行者，与八戒、沙僧剪断二心，锁笼猿马，同心戮(lù)力，赶奔西天。说不尽光阴似箭，日月如梭(suō)。历过了夏月炎天，却又值三秋霜景。但见那：

薄云断绝西风紧，鹤鸣远岫(xiù)霜林锦。光景正苍凉，山长水更长。征鸿来北塞，玄鸟归南陌。客路怯(qiè)孤单，衲(nà)衣容易寒。

师徒四众，进前行处，渐觉热气蒸人。三藏勒马道："如今正是秋天，却怎反有热气？"八戒道："原来不知。西方路上有个斯哈哩国，乃日落之处，俗呼为'天尽头'。若到申酉(yǒu)时，

---

① 牢笼——就是牢笼。

> 八戒认为这个地方热气蒸人，是因为他们来到了日落之处。

国王差人上城，擂鼓吹角，混杂海沸之声。日乃太阳真火，落于西海之间，如火淬(cuì)水，接声滚沸；若无鼓角之声混耳，即振杀城中小儿。此地热气蒸人，想必到日落之处也。"大圣听说，忍不住笑道："呆子莫乱谈！若论斯哈哩国，正好早哩。似师父朝三暮二的，这等耽搁，就从小至老，老了又小，老小三生，也还不到。"八戒道："哥啊，据你说，不是日落之处，为何这等酷热？"沙僧道："想是天时不正，秋行夏令故也。"他三个正都争讲，只见那路旁有座庄院，乃是红瓦盖的房舍，红砖砌的垣(yuán)墙，红油门扇，红漆板榻(tà)，一片都是红的。三藏下马道："悟空，你去那人家问个消息，看那炎热之故何也。"

大圣收了金箍棒，整肃衣裳，扭捏作个斯文气象，绰下大路，径至门前观看。那门里忽然走出一个老者，但见他：

> 生动形象地写出了老者的穿着和外貌特点，工整的对仗句读起来朗朗上口。

穿一领黄不黄、红不红的葛(gé)布深衣；戴一顶青不青、皂不皂的篾(miè)丝凉帽。手中挂一根弯不弯、直不直、暴节竹杖；足下踏一双新不新、旧不旧，挐(zhuò)鞁(sǎ)鞴(wēng)鞋①。面似红铜，须如白练。两道寿眉遮碧眼，一张咍(hāi)口②露金牙。

那老者猛抬头，看见行者，吃了一惊，拄着竹杖，喝道："你是那里来的怪人？在我这门首何干？"行者答礼道："老施

---

① 挐鞁鞴鞋——就是长筒皮靴。
② 咍口——叹词，此处表示惊异。

主,休怕我。我不是甚么怪人。贫僧是东土大唐钦差上西方求经者。师徒四人,适至宝方,见天气蒸热,一则不解其故,二来不知地名,特拜问指教一二。"那老者却才放心,笑云:"长老勿罪。我老汉一时眼花,不识尊颜。"行者道:"不敢。"老者又问:"令师在那条路上?"行者道:"那南首大路上立的不是!"老者教:"请来,请来。"行者欢喜,把手一招,三藏即同八戒、沙僧,牵白马、挑行李近前,都对老者作礼。

老者见三藏丰姿标致,八戒、沙僧相貌奇稀,又惊又喜;只得请入里坐,教小的们看茶,一壁厢办饭。三藏闻言,起身称谢道:"敢问公公:贵处遇秋,何反炎热?"老者道:"敝(bì)地唤作火焰山。无春无秋,四季皆热。"三藏道:"火焰山却在那边?可阻西去之路?"老者道:"西方却去不得。那山离此有六十里远,正是西方必由之路,却有八百里火焰,四周围寸草不生。若过得山,就是铜脑盖,铁身躯,也要化成汁哩。"三藏闻言,大惊失色,不敢再问。

> 借老者回答唐僧的问话,向读者介绍天气炎热的原因。

只见门外一个少年男子,推一辆红车儿,住在门旁,叫声"卖糕!"大圣拔根毫毛,变个铜钱,问那人买糕。那人接了钱,不论好歹,揭开车儿上衣裹,热气腾腾,拿出一块糕递与行者。行者托在手中,好似火盆里的灼(zhuó)炭,煤炉内的红钉。你看他左手倒在右手,右手换在左手,只道:"热,热,热!难吃,难吃!"那男子笑道:"怕热,莫来这里。这里是这等热。"行者道:"你这汉子,好不明理。常言道:'不冷不热,五谷不结。'他这等热得很,你这糕粉,自何而来?"那人道:"若知糕粉米,敬求铁扇仙。"行者道:"铁扇仙怎的?"那人

> 卖糕人的话引出了铁扇仙和芭蕉扇，推动情节的发展。

道："铁扇仙有柄'芭蕉扇'。求得来，一扇熄火，二扇生风，三扇下雨，我们就布种，及时收割，故得五谷养生；不然，诚寸草不能生也。"

行者闻言，急抽身走入里面，将糕递与三藏道："师父放心，且莫隔年焦着，吃了糕，我与你说。"长老接糕在手，向本宅老者道："公公请糕。"老者道："我家的茶饭未奉，敢吃你糕？"行者笑道："老人家，茶饭倒不必赐。我问你：铁扇仙在那里住？"老者道："你问他怎的？"行者道："适才那卖糕人说，此仙有柄'芭蕉扇'。求将来，一扇熄火，二扇生风，三扇下雨，你这方布种收割，才得五谷养生。我欲寻他讨来扇熄火焰山过去，且使这方依时收种，得安生也。"老者道："固有此说；你们却无礼物，恐那圣贤不肯来也。"三藏道："他要甚礼物？"老者道："我这里人家，十年拜求一度。四猪四羊，花红表里，异香时果，鸡鹅美酒，沐浴虔（qián）诚，拜到那仙山，请他出洞，至此施为。"行者道："那山坐落何处？唤甚地名？有几多里数？等我问他要扇子去。"老者道："那山在西南方，名唤翠云山。山中有一仙洞，名唤芭蕉洞。我这里众信人等去拜仙山，往回要走一月，计有一千四百五六十里。"行者笑道："不打紧，就去就来。"那老者道："且住，吃些茶饭，办些干粮，须得两人做伴。那路上没有人家，又多狼虎，非一日可到。莫当耍子。"行者笑道："不用，不用！我去也！"说一声，忽然不见。那老者慌张道："爷爷呀！原来是腾云驾雾的神人也！"

> 语言、动作描写，表现出孙悟空急于找到铁扇仙，求得芭蕉扇的迫切心情。

且不说这家子供奉唐僧加倍。却说那行者霎时径到翠云

山，按住祥光，正自找寻洞口，忽然闻得丁丁之声，乃是山林内一个樵(qiáo)夫伐木。行者即趋步至前，又闻得他道：

"云际依依认旧林，断崖荒草路难寻。
西山望见朝来雨，南涧归时渡处深。"

行者近前作礼道："樵哥，问讯了。"那樵子撇了柯(kē)斧，答礼道："长老何往？"行者道："敢问樵哥，这可是翠云山？"樵子道："正是。"行者道："有个铁扇仙的芭蕉洞，在何处？"樵子笑道："这芭蕉洞虽有，却无个铁扇仙，只有个铁扇公主，又名罗刹女。"行者道："人言他有一柄芭蕉扇，能煽得火焰山，敢是他么？"樵子道："正是，正是。这圣贤有这件宝贝，善能煽火，保护那方人家，故此称为铁扇仙。我这里人家用不着他，只知他叫作罗刹女，乃大力牛魔王妻也。"

行者闻言，大惊失色，心中暗想道："又是冤家了！当年伏了红孩儿，说是这厮养的。前在那解阳山破儿洞遇他叔子，尚且不肯与水，要作报仇之意；今又遇他父母，怎生借得这扇子耶？"樵子见行者沉思默虑，嗟叹不已，便笑道："长老，你出家人，有何忧疑？这条小路儿向东去，不上五六里，就是芭蕉洞。休得心焦。"行者道："不瞒樵哥说，我是东土唐朝差(chāi)往西天求经的唐僧大徒弟。前年在火云洞，曾与罗刹之子红孩儿有些言语，但恐罗刹怀仇不与，故生忧疑。"樵子道："大丈夫鉴貌辨色，只以求扇为名，莫认往时之溲话①，管情借得。"行者闻言，深深唱个大喏道："谢樵哥教诲。我去也。"

遂别了樵夫，径至芭蕉洞口。但见那两扇门紧闭牢关，洞

神态和心理描写，表现出悟空得知罗刹女是红孩儿母亲后的无奈、忧虑。

---

① 溲话——食物因陈久变味叫馊。溲，馊(sōu)字的借音。这里指老话、旧话。

外风光秀丽。好去处！正是那：

> 山以石为骨，石作土之精。烟霞含宿润，苔藓(tái xiǎn)助新青。嵯峨势耸欺蓬岛，幽静花香若海瀛(yíng)。几树乔松栖(qī)野鹤，数株衰柳语山莺。诚然是千年古迹，万载仙踪。碧梧鸣彩凤，活水隐苍龙。曲径苹(bì)萝垂挂，石梯藤葛攀笼。猿啸翠岩忻(xīn)月上，鸟啼高树喜晴空。两林竹荫凉如雨，一径花浓没绣绒。时见白云来远岫，略无定体漫随风。

行者上前叫："牛大哥，开门！开门！""呀"的一声，洞门开了，里边走出一个毛儿女，手中提着花篮，肩上担着锄子，真个是一身蓝缕无妆饰，满面精神有道心。行者上前迎着，合掌道："女童，累你转报公主一声。我本是取经的和尚，在西方路上，难过火焰山，特来拜借芭蕉扇一用。"那毛女道："你是那寺里和尚？叫甚名字？我好与你通报。"行者道："我是东土来的，叫作孙悟空和尚。"

那毛女即便回身，转于洞内，对罗刹跪下道："奶奶，洞门外有个东土来的孙悟空和尚，要见奶奶，拜求芭蕉扇，过火焰山一用。"那罗刹听见"孙悟空"三字，便似撮(cuō)盐入火，火上浇油；骨都都红生脸上；恶狠狠怒发心头。口中骂道："这泼猴！今日来了！"叫："丫鬟，取披挂，拿兵器来！"随即取了披挂，拿两口青锋宝剑，整束出来。行者在洞外闪过，偷看怎生打扮。只见他：

> 头裹团花手帕，身穿纳锦云袍。腰间双束虎筋绦(tāo)，微露绣裙偏绡(xiāo)。凤嘴弓鞋三寸，龙须膝裤金销。手提宝剑怒声高，凶比月婆容貌。

那罗刹出门，高叫道："孙悟空何在？"行者上前，躬身施礼

道："嫂嫂，老孙在此奉揖(yī)。"罗刹咄(duō)的一声道："谁是你的嫂嫂！那个要你奉揖！"行者道："尊府牛魔王，当初曾与老孙结义，乃七兄弟之亲。今闻公主是牛大哥令正，安得不以嫂嫂称之！"罗刹道："你这泼猴！既有兄弟之亲，如何坑陷我子？"行者佯问道："令郎是谁？"罗刹道："我儿是号山枯松涧火云洞圣婴大王红孩儿，被你倾①了。我们正没处寻你报仇，你今上门纳命，我肯饶你！"行者满脸赔笑道："嫂嫂原来不察理，错怪了老孙。令郎因是捉了师父，要蒸要煮，幸亏了观音菩萨收他去，救出我师。他如今现在菩萨处做善财童子，实受了菩萨正果，不生不灭，不垢(gòu)不净，与天地同寿，日月同庚(gēng)。你倒不谢老孙保命之恩，反怪老孙，是何道理！"罗刹道："你这个巧嘴的泼猴！我那儿虽不伤命，再怎生得到我的跟前，几时能见一面？"行者笑道："嫂嫂要见令郎，有何难处？你且把扇子借我，搧熄了火，送我师父过去，我就到南海菩萨处请他来见你，就送扇子还你，有何不可！那时节，你看他可曾损伤一毫。如有些须之伤，你也怪得有理；如比旧时标致，还当谢我。"罗刹道："泼猴！少要饶舌！伸过头来，等我砍上几剑！若受得疼痛，就借扇子与你；若忍耐不得，教你早见阎(yán)君！"行者叉手向前，笑道："嫂嫂切莫多言。老孙伸着光头，任尊意砍上多少，但没气力便罢。是必借扇

面对彬彬有礼的孙悟空，罗刹女毫不客气，指责悟空坑害了她的儿子红孩儿，表现了她对悟空的不满和愤恨。

悟空的话表现了他的自信、机灵、无所畏惧。

---

① 倾——陷害。

子用用。"那罗刹不容分说，双手抡剑，照行者头上乒乒乓乓，砍有十数下，这行者全不认真。罗刹害怕，回头要走。行者道："嫂嫂，那里去？快借我使使！"那罗刹道："我的宝贝原不轻借。"行者道："既不肯借，吃你老叔一棒！"

好猴王，一只手扯住，一只手去耳内掣出棒来，幌一幌，有碗来粗细。那罗刹挣脱手，举剑来迎。行者随又抡棒便打。两个在翠云山前，不论亲情，却只讲仇隙。这一场好杀：

> 裙钗本是修成怪，为子怀仇恨泼猴。行者虽然生狠怒，因师路阻让娥流。先言拜借芭蕉扇，不展骁(xiāo)雄耐性柔。罗刹无知抡剑砍，猴王有意说亲由。女流怎与男儿斗，到底男刚压女流。这个金箍铁棒多凶猛，那个霜刃青锋甚紧稠。劈面打，照头丢，恨苦相持不罢休。左挡右遮施武艺，前迎后架骋(chěng)奇谋。却才斗到沉酣(hān)处，不觉西方坠日头。罗刹忙将真扇子，一扇挥动鬼神愁！

那罗刹女与行者相持到晚，见行者棒重，却又解数周密，料斗他不过，即便取出芭蕉扇，幌一幌，一扇阴风，把行者搧得无影无形，莫想收留得住。这罗刹得胜回归。

那大圣飘飘荡荡，左沉不能落地，右坠不得存身，就如旋风翻败叶，流水淌残花。滚了一夜，直至天明，方才落在一座山上，双手抱住一块峰石。定性良久，仔细观看，却才认得是小须弥山。大圣长叹一声道："好厉害妇人！怎么就把老孙送到这里来了？我记得当年曾在此处告求灵吉菩萨降黄风怪救我师父。那黄风岭至此直南上有三千余里，今在西路转来，乃东南

运用比喻和夸张手法，写出芭蕉扇的威力之大，把悟空扇了那么远。

方隅(yú)，不知有几万里。等我下去问灵吉菩萨一个消息，好回旧路。"

正踌躇(chóu chú)间，又听得钟声响亮，急下山坡，径至禅院。那门前道人认得行者的形容，即入里面报道："门前是前年请菩萨降黄风怪的那个毛脸大圣又来了。"菩萨知是悟空，连忙下宝座相迎，入内施礼道："恭喜！取经来耶？"悟空答道："正好未到！早哩，早哩！"灵吉道："既未曾得到雷音，何以回顾荒山？"行者道："自上年蒙盛情降了黄风怪，一路上，不知历过多少苦楚。今到火焰山，不能前进，询问土人，说有个铁扇仙芭蕉扇，搧得火灭，老孙特去寻访。原来那仙是牛魔王的妻，红孩儿的母。他说

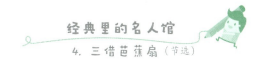
悟空告知灵吉菩萨来到小须弥山的缘由。这样巧妙的构思使故事结构完整，前后照应。

我把他儿子做了观音菩萨的童子，不得常见，恨我为仇，不肯借扇，与我争斗。他见我的棒重难撑，遂将扇子把我一搧，搧得我悠悠荡荡，直至于此，方才落住。故此轻造禅院，问个归路。此处到火焰山，不知有多少里数？"灵吉笑道："那妇人唤名罗刹女，又叫作铁扇公主。他的那芭蕉扇本是昆仑山后，自混沌开辟以来，天地产成的一个灵宝，乃太阴之精叶，故能灭火气。假若搧着人，要飘八万四千里，方息阴风。我这山到火焰山，只有五万余里。此还是大圣有留云之能，故止住了。若是凡人，正好不得住也。"行者道："厉害！厉害！我师父却怎生得度那方？"灵吉道："大圣放心。此一来，也是唐僧的缘法，合教大圣成功。"行者道："怎见成功？"灵吉道："我当年受如来教旨，赐我一粒'定风丹'，一柄'飞龙杖'。飞龙杖已降了风魔。这定风丹尚未曾见用，如今送了大圣，管教那厮搧你不动，你却要了扇子，搧熄火，却不就立

此功也！"行者低头作礼，感谢不尽。那菩萨即于衣袖中取出一个锦袋儿，将那一粒定风丹与行者安在衣领里边，将针线紧紧缝了。送行者出门道："不及留款。往西北上去，就是罗刹的山场也。"

行者辞了灵吉，驾筋斗云，径返翠云山，顷刻而至。使铁棒打着洞门叫道："开门！开门！老孙来借扇子使使哩！"慌得那门里女童即忙来报："奶奶，借扇子的又来了！"罗刹闻言，心中悚（sǒng）惧道："这泼猴真有本事！我的宝贝，搧着人，要去八万四千里，方能停止；他怎么才吹去就回来也？这番等我一连搧他两三扇，教他找不着归路！"急纵身，结束整齐，双手提剑，走出门来道："孙行者！你不怕我，又来寻死！"行者笑道："嫂嫂勿得悭（qiān）吝，是必借我使使。保得唐僧过山，就送还你。我是个志诚有余的君子，不是那借物不还的小人。"

> "悚惧"表现出罗刹女对悟空的本领感到害怕、不安。

罗刹又骂道："泼猢狲！好没道理，没分晓！夺子之仇，尚未报得；借扇之意，岂得如心！你不要走！吃我老娘一剑！"大圣公然不惧，使铁棒劈手相迎。他两个往往来来，战经五七回合，罗刹女手软难抡，孙行者身强善敌。他见事势不谐，即取扇子，望行者搧了一扇，行者巍（wēi）然不动。行者收了铁棒，笑吟吟的道："这番不比那番！任你怎么搧来，老孙若动一动，就不算汉子！"那罗刹又搧两搧，果然不动。罗刹慌了，急收宝贝，转回走入洞里，将门紧紧关上。

> 动作、语言描写，表现出悟空非常自信，很有把握。

4. 三借芭蕉扇（节选）

行者见他闭了门，却就弄个手段，拆开衣领，把定风丹噙在口中，摇身一变，变作一个蟭蟟(jiāo liáo)虫儿，从他门隙处钻进。只见罗刹叫道："渴了！渴了！快拿茶来！"近侍女童即将香茶一壶，沙沙的满斟(zhēn)一碗，冲起茶沫漕(cáo)漕。行者见了欢喜，嘤的一翅，飞在茶沫之下。那罗刹渴极，接过茶，两三气都喝了。行者已到他肚腹之内，现原身厉声高叫道："嫂嫂，借扇子我使使！"罗刹大惊失色，叫："小的们，关了前门否？"俱说："关了。"他又说："既关了门，孙行者如何在家里叫唤？"女童道："在你身上叫哩。"罗刹道："孙行者，你在那里弄术哩？"行者道："老孙一生不会弄术，都是些真手段，实本事，已在尊嫂尊腹之内耍子，已见其肺肝矣。我知你也饥渴了，我先送你个坐碗儿解渴！"却就把脚往下一蹬。那罗刹小腹之中，疼痛难禁，坐于地下叫苦。行者道："嫂嫂休得推辞，我再送你个点心充饥！"又把头往上一顶。那罗刹心痛难禁，只在地上打滚，疼得他面黄唇白，只叫"孙叔叔饶命！"

行者却才收了手脚道："你才认得叔叔么？我看牛大哥情上，且饶你性命。快将扇子拿来我使使。"罗刹道："叔叔，有扇！有扇！你出来拿了去！"行者道："拿扇子我看了出来。"罗刹即叫女童拿一柄芭蕉扇，执在旁边。行者探到喉咙之上见了道："嫂嫂，我既饶你性命，不在腰肋之下搠(shuò)个窟窿(kū long)出来，还自口出。你把口张三张儿。"那罗刹果张开口。行者还做个蟭蟟虫，先飞出来，叮在芭蕉扇上。那罗刹不知，连张三次，叫："叔叔出来罢。"行者化原身，拿了扇子，叫道："我在此间不是？

> 悟空变作蟭蟟虫儿，乘罗刹女喝茶之机，钻进她的肚子里，在里面脚蹬头顶，表现了他的聪明机敏、有勇有谋，同时又有调皮的一面。

谢借了！谢借了！"拽开步，往前便走。小的们连忙开了门，放他出洞。

这大圣拨转云头，径回东路。霎时按落云头，立在红砖壁下。八戒见了欢喜道："师父，师兄来了！来了！"三藏即与本庄老者同沙僧出门接着，同至舍内。把芭蕉扇靠在旁边道："老官儿，可是这个扇子？"老者道："正是！正是！"唐僧喜道："贤徒有莫大之功。求此宝贝，甚劳苦了。"行者道："劳苦倒也不说。那铁扇仙，你道是谁？那厮原来是牛魔王的妻，红孩儿的母，名唤罗刹女，又唤铁扇公主。我寻到洞外借扇，他就与我讲起仇隙，把我砍了几剑。是我使棒吓他，他就把扇子搧了我一下，飘飘荡荡，只刮到小须弥山。幸见灵吉菩萨，送了我一粒定风丹，指与归路，复至翠云山。又见罗刹女，罗刹女又使扇子，搧我不动，他就回洞。是老孙变作一个蟭蟟虫，飞入洞去。那厮正讨茶吃，是我又钻在茶沫之下，到他肚里，做起手脚。他疼痛难禁，不住口的叫我作叔叔饶命，情愿将扇借与我，我却饶了他，拿将扇来。待过了火焰山，仍送还他。"三藏闻言，感谢不尽。师徒们俱拜辞老者。

> 悟空说过了火焰山，仍将扇子送还罗刹女，表现了他正直守信、有借有还。

一路西来，约行有四十里远近，渐渐酷热蒸人。沙僧只叫："脚底烙（lào）得慌！"八戒又道："爪子烫得痛！"马比寻常又快。只因地热难停，十分难进。行者道："师父且请下马。兄弟们莫走。等我搧熄了火，待风雨之后，地土冷些，再过山去。"行者果举扇，径至火边，尽力一搧，那山上火光烘烘腾起；再一搧，更着百倍；又一搧，那火足有千丈之高，渐渐烧着身体。行者急回，已将两股毫毛烧净，径跑至唐僧面前叫：

"快回去，快回去！火来了，火来了！"

那师父爬上马，与八戒、沙僧，复东来有二十余里，方才歇下，道："悟空，如何了呀！"行者丢下扇子道："不停当！不停当！被那厮哄了！"三藏听说，愁促眉尖，闷添心上，止不住两泪浇流，只道："怎生是好！"八戒道："哥哥，你急急忙忙叫回去是怎么说？"行者道："我将扇子搧了一下，火光烘烘；第二扇，火气愈盛；第三扇，火头飞有千丈之高。若是跑得不快，把毫毛都烧尽矣！"八戒笑道："你常说雷打不伤，火烧不损，如今何又怕火？"行者道："你这呆子，全不知事！那时节用心防备，故此不伤；今日只为搧熄火光，不曾捻避火诀，又未使护身法，所以把两股毫毛烧了。"沙僧道："似这般火盛，无路通西，果怎生是好？"八戒道："只拣无火处走便罢。"三藏道："那方无火？"八戒道："东方、南方、北方，俱无火。"又问："那方有经？"八戒道："西方有经。"三藏道："我只欲往有经处去哩！"沙僧道："有经处有火，无火处无经，诚是进退两难！"

> 两个反复句、三个感叹号，写出悟空着急忙慌的样子。

> 对话描写，表现了唐僧坚定不移的取经决心。

师徒每正自胡谈乱讲，只听得有人叫道："大圣不须烦恼，且来吃些斋饭再议。"四众回看时，见一老人，身披飘风氅，头顶偃(yǎn)月冠，手持龙头杖，足踏铁勒(yào)靴，后带着一个雕嘴鱼腮鬼，鬼头上顶着一个铜盆，盆内有些蒸饼糕糜(mí)，黄粮米饭，在于西路下躬身道："我本是火焰山土地。知大圣保护圣僧，不能前进，特献一斋。"行者道："吃斋小可，这火光几时灭得，让我师父过去？"土地道："要灭火光，须求罗刹女借芭蕉扇。"行者去路旁拾起扇子道："这不是？那火光越搧越着，何也？"土地看了，笑道："此扇不是真的，被他哄了。"行者道："如何方得真的？"那土地又控背躬身，微微笑道："若还要借真蕉扇，须是寻求大力王。"毕竟不知大力王有甚缘故，且听下回分解。

(选自《西游记》第五十九回)

　　孙悟空为什么要去借芭蕉扇？他又是怎样去借芭蕉扇的？结果如何？用自己的话说说孙悟空一借芭蕉扇的经过。

5. 鲁智深倒拔垂杨柳

诗曰：

在世为人保七旬，何劳日夜弄精神。
世事到头终有尽，浮花过眼总非真。
贫穷富贵天之命，事业功名隙里尘。
得便宜处休欢喜，远在儿孙近在身。

话说那酸枣门外三二十个泼皮破落户中间，有两个为头的，一个叫作过街老鼠张三，一个叫作青草蛇李四。这两个为头接将来，智深也却好去粪窖边，看见这伙人都不走动，只立在窖边，齐道："俺特来与和尚作庆。"智深道："你们既是邻舍街坊，都来廨(xiè)宇里坐地。"张三、李四便拜在地上，不肯起来，只指望和尚来扶他，便要动手。智深见了，心里早疑忌道："这伙人不三不四，又不肯近前来，莫不要攧(diān)洒家？那厮却是倒来捋(lǚ)虎须，俺且走向前去，教那厮看洒家手脚。"

智深大踏步近前，去众人面前来。那张三、李四便道："小人兄弟们特来参拜师父。"口里说，便向前去，一个来抢左脚，一个来抢右脚。智深不等他占身，右脚早起，腾的把李四先踢下粪

> 鲁智深见这伙泼皮不怀好意，觉得其中有诈，表现了他粗中有细的特点。

> 鲁智深两脚将两个泼皮踢进粪窖，从中可以看出他的反应敏捷、武艺高强、嫉恶如仇。

窖里去。张三恰待走,智深左脚早起,两个泼皮都踢在粪窖里挣侧。后头那二三十个破落户,惊的目瞪痴呆,都待要走,智深喝道:"一个走的,一个下去!两个走的,两个下去!"众泼皮都不敢动掸。只见那张三、李四在粪窖里探起头来。原来那座粪窖没底似深,两个一身臭屎,头发上蛆虫盘满,立在粪窖里,叫道:"师父,饶恕我们!"智深喝道:"你那众泼皮,快扶那鸟上来,我便饶你众人。"众人打一救,搀到葫芦架边,臭秽(huì)不可近前。智深呵呵大笑道:"兀(wū)那蠢物,你且去菜园池子里洗了来,和你众人说话。"两个泼皮洗了一回,众人脱件衣服与他两个穿了。

智深叫道:"都来廨宇里坐地说话。"智深先居中坐了,指着众人道:"你那伙鸟人,休要瞒洒家,你等都是什么鸟人,来这里戏弄洒家?"那张三、李四并众伙伴一齐跪下,说道:"小人祖居在这里,都只靠赌博讨钱为生。这片菜园是俺们衣饭碗,大相国寺里几番使钱要奈何我们不得。师父却是那里来的长老?恁(nèn)的了得!相国寺里不曾见有师父。今日我等愿情服侍。"智深道:"洒家是关西延安府老种经略相公帐前提辖(xiá)官,只为杀的人多,因此情愿出家,五台山来到这里。洒家俗姓鲁,法名智深。休说你这三二十个人直什么,便是千军万马队中,俺敢直杀的入去出来!"众泼皮喏喏连声,拜谢了去。智深自来廨宇里房内,收拾整顿歇卧。

次日,众泼皮商量,凑些钱物,买了十瓶酒,牵了一个猪,来请智深。都在廨宇安排了,请鲁智深居中坐了,两边一带坐定那二三十泼皮饮酒。智深道:"什么道理,叫你众人们坏钞。"众人道:"我们有福,今日得师父在这里,与我等众人做主。"智深大喜。吃到半酣里,也有唱的,也有说的,也有拍手的,也有笑的。正在那里喧哄,只听得门外老鸦哇哇的叫。众人有扣齿①的,齐道:"赤口上天,白舌入地②。"智深道:"你们做什么鸟乱?"众人道:"老鸦叫,怕有口舌。"智深道:"那里取这话!"那种地道人笑道:"墙角边绿杨树上新添了一个老鸦巢,每日只聒到晚。"众人道:"把梯子去上面拆了那巢便了。"有几个道:"我们便去。"智深也乘着酒兴,都到外面看时,果然绿杨树上一个老鸦巢。众人道:"把梯子上去拆了,也得耳根清净。"李四便道:"我与你盘上去,不要梯子。"智深相了一相,走到树前,把直裰脱了,用右手向下,把身倒缴着,却把左手拔住上截,把腰只一趁,将那株绿杨树带根拔起。众泼皮见了,一齐拜倒在地,只叫:"师父非是凡人,正是真罗汉!身体无千万斤气力,如何拔得起!"智深道:"打甚鸟紧!明日都看洒家演武使器械。"众泼皮当晚各自散了。从明日为始,这二三十个破落户见智深匾匾的伏,每日将酒肉来请智深,看他演武使拳。

> 一连串的动作描写刻画出鲁智深的力大无穷、神勇无比。众泼皮夸赞鲁智深是真罗汉,体现了他们对鲁智深的心服口服。

过了数日,智深寻思道:"每日吃他们酒食多矣,洒家今日也安排些还席。"叫道人去城中买了几般果子,沽了两三担

---

① 扣齿——迷信的传说:在向神祷告之前,要把上下牙齿不住地对击,这个祷告才有效。扣齿,就指的这个动作。

② 赤口、白舌——指由口舌招惹来的是非。

酒，杀翻一口猪，一腔羊。那时正是三月尽，天气正热。智深道："天色热！"叫道人绿槐树下铺了芦席，请那许多泼皮团团坐定。大碗斟酒，大块切肉，叫众人吃得饱了，再取果子吃酒。又吃得正浓，众泼皮道："这几日见师父演力，不曾见师父家生器械，怎得师父教我们看一看也好。"智深道："说的是。"自去房内取出浑铁禅杖，头尾长五尺，重六十二斤。众人看了，尽皆吃惊，都道："两臂膊没水牛大小气力，怎使得动！"智深接过来，飕(sōu)飕的使动，浑身上下，没半点儿参差。众人看了，一齐喝彩。

智深正使得活泛，只见墙外一个官人看见，喝彩道："端的使得好！"智深听得，收住了手看时，只见墙缺边立着一个官人。怎生打扮？但见：

> 头戴一顶青纱抓角儿头巾，脑后两个白玉圈连珠鬓(bìn)环。身穿一领单绿罗团花战袍，腰系一条双搭尾龟背银带。穿一对磕瓜头朝样皂靴，手中执一把折叠纸西川扇子。

外貌描写，表现了这位官人的相貌威武。

那官人生的豹头环眼，燕颔(hàn)虎须，八尺长短身材，三十四五年纪，口里道："这个师父端的非凡，使的好器械！"众泼皮道："这位教师喝彩，必然是好。"智深问道："那军官是谁？"众人道："这官人是八十万禁军枪棒教头林武师，名唤林冲。"智深道："何不就请来厮见？"那林教头便跳入墙来。两个就槐树下相见了，一同坐地。林教头便问道："师兄何处人氏？法讳唤作甚么？"智深道："洒家是关西鲁达的便是。只为杀的人多，情愿为僧。年幼时也曾到东京，认得令尊林提辖。"林冲

大喜,就当结义智深为兄。智深道:"教头今日缘何到此?"林冲答道:"恰才与拙荆(jīng)一同来间壁岳庙里还香愿。林冲听得使棒,看得入眼,着女使锦儿自和荆妇去庙里烧香,林冲就只此间相等,不想得遇师兄。"智深道:"洒家初到这里,正没相识,得这几个大哥每日相伴,如今又得教头不弃,结为弟兄,十分好了。"便叫道人再添酒来相待。

恰才饮得三杯,只见女使锦儿慌慌急急,红了脸,在墙缺边叫道:"官人,休要坐地!娘子在庙中和人合口①!"林冲连忙问道:"在那里?"锦儿道:"正在五岳楼下来,撞见了诈(zhà)奸不级的,把娘子拦住了,不肯放。"林冲慌忙道:"却再来望师兄,休怪,休怪!"林冲别了智深,急跳过墙缺,和锦儿径奔岳庙里来。抢到五岳楼看时,见了数个人拿着弹弓、吹筒、粘竿,都立在栏干边。胡梯上一个年小的后生,独自背立着,把林冲的娘子拦着道:"你且上楼去,和你说话。"林冲娘子红了脸道:"清平世界,是何道理把良人调戏!"林冲赶到跟前,把那后生肩胛(jiǎ)只一扳过来,喝道:"调戏良人妻子,当得何罪!"恰待下拳打时,认的是本管高太尉螟蛉(míng líng)之子高衙(yá)内。原来高俅(qiú)新发迹,不曾有亲儿,无人帮助,因此过房这高阿叔高三郎儿子在房内为子。本是叔伯弟兄,却与他做干儿子,因此高太尉爱惜他。那厮在东京倚(yǐ)势豪强,专一爱淫垢(gòu)人家妻女。京师人惧怕他权势,谁敢与他争口,叫他作花花太岁。

当时林冲扳将过来,却认得是本管高衙内,先自手软

从"急跳过墙缺"既可以看出林冲对妻子的关心,也可以看出他的本领高强。

---

① 合口——斗嘴、吵架。

了。高衙内说道:"林冲,干你甚事,你来多管?"原来高衙内不认得他是林冲的娘子,若还认得时,也没这场事。见林冲不动手,他发这话。众多闲汉见闹,一齐拢来劝道:"教头休怪,衙内不认的,多有冲撞。"林冲怒气未消,一双眼睁着瞅那高衙内。众闲汉劝了林冲,和哄高衙内出庙上马去了。

林冲将引妻小并使女锦儿,也转出廊下来,只见智深提着铁禅杖,引着那二三十个破落户,大踏步抢入庙来。林冲见了,叫道:"师兄,那里去?"智深道:"我来帮你厮打!"林冲道:"原来是本官①高太尉的衙内,不认得荆妇,时间无礼。林冲本待要痛打那厮一顿,太尉面上须不好看。自古道:不怕官,只怕管。林冲不合吃着他的请受②,权且让他这一次。"智深道:"你却怕他本官太尉,洒家怕他甚鸟!俺若撞见那撮鸟时,且教他吃洒家三百禅杖了去。"林冲见智深醉了,便道:"师兄说得是。林冲一时被众人劝了,权且饶他。"智深道:"但有事时,便来唤洒家与你去。"众泼皮见智深醉了,扶着道:"师父,俺们且去,明日再得相会。"智深提着禅杖道:"阿嫂休怪,莫要笑话。阿哥,明日再得相会。"智深相别,自和泼皮去了。林冲领了娘子并锦儿取路回家,心中只是郁郁不乐。

> 鲁智深性情直爽、疾恶如仇,为朋友两肋插刀;林冲则谨小慎微、忍气吞声。

(节选自《水浒传》第七回)

---

① 本官——指本部门的主管官员,即顶头上司。
② 请受——粮饷、薪俸。

5. 鲁智深倒拔垂杨柳

乐行乐思

　　鲁智深倒拔垂杨柳的故事描写得十分精彩。画出描写鲁智深动作、语言、心理活动的句段，细细品味，想一想：故事中的鲁智深具有什么样的性格特点？你喜欢这样的鲁智深吗？

6. 吴用智取生辰纲

《鹧鸪(zhè gū)天》：

罡(gāng)星起义在山东，杀曜(yào)纵横水浒中。可是七星成聚会，却于四海显英雄。 人似虎，马如龙，黄泥冈上巧施功。满驮金贝归山寨，懊恨中书老相公。

当朝太师蔡京的女婿梁中书搜刮民脂民膏，为庆祝丈人生日，置办下十万贯生辰纲。公孙胜认为生辰纲是不义之财，可以取之，引起下文。

话说当时公孙胜正在阁儿里对晁(cháo)盖说："这北京生辰纲是不义之财，取之何碍(ài)。"只见一个人从外面抢将入来，揪住公孙胜道："你好大胆！却才商议的事，我都知了也。"那人却是智多星吴学究。晁盖笑道："先生休慌，且请相见。"两个叙礼罢，吴用道："江湖上久闻人说入云龙公孙胜一清大名，不期今日此处得会。"晁盖道："这位秀士先生，便是智多星吴学究。"公孙胜道："吾闻江湖上多人曾说加亮先生大名，岂知缘法却在保正庄上得会贤契(qì)。只是保正疏财仗义，以此天下豪杰都投门下。"晁盖道："再有几位相识在里面，一发请进后堂深处见。"三个人入到里面，就与刘唐、三阮都相见了。

众人道："今日此一会，应非偶然，须请保正哥哥正面而坐。"晁盖道："量小子是个穷主人，又无甚罕(hǎn)物相留好客，怎敢占上。"吴用道："保正哥哥，依着小生且请坐了。"晁盖只得坐了第一位，吴用坐了第二位，公孙胜坐了第三位，刘唐坐了第四位，阮小二坐了第五位，阮小五坐第六位，阮小七坐第七位，却才聚义饮酒。重整杯盘，再备酒肴，众人饮酌（zhuó）。

吴用道："保正梦见北斗七星坠在屋脊上，今日我等七人聚义举事，岂不应天垂象。此一套富贵，唾（tuò）手而取。我等七人和会，并无一人晓得。想公孙胜先生江湖上仗义疏财之士，所以得知这件事，来投保正。所说央刘兄去探听路程从那里来，今日天晚，来早便请登程。"公孙胜道："这一事不须去了，贫道已打听知他来的路数了，只是黄泥冈大路上来。"晁盖道："黄泥冈东十里路，地名安乐村，有一个闲汉，叫作白日鼠白胜，也曾来投奔我，我曾赍助他盘缠。"吴用道："北斗上白光，莫不是应在这人？自有用他处。"刘唐道："此处黄泥冈较远，何处可以容身？"吴用道："只这个白胜家，便是我们安身处，亦还要用了白胜。"晁盖道："吴先生，我等还是软取，却是硬取？"吴用笑道："我已安排定了圈套，只看他来的光景，力则力取，智则智取。我有一条计策，不知中你们意否？如此如此。"晁盖听了大喜，撷（diān）着脚道："好妙计！不枉了称你作智多星，果然赛过诸葛亮。好计策！"吴用道："休得再题。常言道：隔墙须有耳，窗外岂无人。只可你知我知。"晁盖便道："阮（ruǎn）家三兄且请回归，至期来小庄聚会。吴先生依旧自去教学。公孙先生并刘唐，只在敝庄权住。"当日饮酒至晚，各自去客房里歇息。

次日五更起来，安排早饭吃了。晁盖取出三十两花银送与阮家三兄弟道："权表薄意，切勿推却。"三阮那里肯受。吴用

> 吴用提起晁盖梦见北斗七星的预兆，认为他们七人聚义举事顺应天意。

> 三阮临走时,吴用附耳低言,表现出他的小心谨慎、安排周密。

道:"朋友之意,不可相阻。"三阮方才受了银两。一齐送出庄外来。吴用附耳低言道:"这般这般,至期不可有误。"阮家三弟兄相别了,自回石碣(jié)村去。晁盖留住吴学究与公孙胜、刘唐在庄上,每日议事。

话休絮(xù)繁。却说北京大名府梁中书,收买了十万贯庆贺生辰礼物完备,选日差人起程。当下一日在后堂坐下,只见蔡夫人问道:"相公,生辰纲几时起程?"梁中书道:"礼物都已完备,明后日便用起身。只是一件事在此踌躇(chóu chú)未决。"蔡夫人道:"有甚事踌躇未决?"梁中书道:"上年费了十万贯收买金珠宝贝,送上东京去,只因用人不着,半路被贼人劫将去了,至今无获。今年帐前眼见得又没个了事①的人送去,在此踌躇未决。"蔡夫人指着阶下道:"你常说这个人十分了得,何不着他委纸领状送去走一遭,不致失误。"梁中书看阶下那人时,却是青面兽杨志。梁中书大喜,随即唤杨志上厅说道:"我正忘了你。你若与我送得生辰纲去,我自有抬举你处。"杨志叉手向前禀(bǐng)道:"恩相差遣(chāi qiǎn),不敢不依。只不知怎地打点?几时起身?"梁中书道:"着落大名府差十辆太平车子②,帐前拨十个厢禁军监押着车,每辆上各插一把黄旗,上写着'献贺太师生辰纲',每辆车子再使个军健跟着。三日内便要起身去。"杨志道:"非是小人推托,其实去不得。乞钧(jūn)旨别差英雄精细的人去。"梁中书道:"我有心要抬举你,这献生辰纲的札子内另修一封书在中间,太师跟前重重保你,受道敕(chì)命回来。如

---

① 了事——这里是能干、会办事的意思。
② 太平车子——可以载重几十石、用四五匹到十多匹牲口拉的大车。

何倒生支调①，推辞不去？"杨志道："恩相在上：小人也曾听得上年已被贼人劫去了，至今未获。今岁途中盗贼又多，甚是不好。此去东京，又无水路，都是旱路，经过的是紫金山、二龙山、桃花山、伞盖山、黄泥冈、白沙坞、野云渡、赤松林，这几处都是强人出没的去处。更兼单身客人，亦不敢独自经过。他知道是金银宝物，如何不来抢劫（jié）？枉结果了性命。以此去不得。"梁中书道："恁地时，多着军校防护送去便了。"杨志道："恩相便差五百人去，也不济事。这厮们一声听得强人来时，都是先走了的。"梁中书道："你这般地说时，生辰纲不要送去了？"杨志又禀道："若依小人一件事，便敢送去。"梁中书道："我既委在你身上，如何不依你说。"杨志道："若依小人说时，并不要车子，把礼物都装作十余条担子，只作客人的打扮行货，也点十个壮健的厢禁军，却装作脚夫挑着。只消一个人和小人去，却打扮作客人，悄悄连夜送上东京交付。恁地时方好。"梁中书道："你甚说的是。我写书呈，重重保你，受道诰（gào）命回来。"杨志道："深谢恩相抬举。"

详细描写地名，突出路途凶险，怕有强人抢劫。表现了杨志的精明、老练。

杨志考虑周到、精心谋划，突出了他精明、谨慎的特点。

当日便叫杨志一面打拴担脚，一面选拣军人。次日，叫杨志来厅前伺候，梁中书出厅来问道："杨志，你几时起身？"杨志禀道："告复恩相，只在明早准行，就委领状。"梁中书道："夫人也有担礼物，另送与府中宝眷，也要你领。怕你不知头路，特地再教奶公谢都管并两个虞（yú）候，和你一同去。"杨志

---

① 支调——支吾搪塞。

告道："恩相，杨志去不得了。"梁中书道："礼物多已拴缚完备，如何又去不得？"杨志禀道："此十担礼物都在小人身上，和他众人都由杨志，要早行便早行，要晚行便晚行，要住便住，要歇便歇，亦依杨志提调。如今又叫老都管并虞候和小人去，他是夫人行的人，又是太师府门下奶公，倘或路上与小人鳖拗(biē ǎo)起来，杨志如何敢和他争执得？若误了大事时，杨志那其间如何分说？"梁中书道："这个也容易，我叫他三个都听你提调便了。"杨志答道："若是如此禀过，小人情愿便委领状。倘有疏失，甘当重罪。"梁中书大喜道："我也不枉了抬举你，真个有见识。"随即唤老谢都管并两个虞候出来，当厅吩咐道："杨志提辖情愿委了一纸领状，监押生辰纲十一担金珠宝贝赴京，太师府交割，这干系都在他身上。你三人和他做伴去，一路上早起晚行住歇，都要听他言语，不可和他鳖拗。夫人处吩咐的勾当，你三人自理会。小心在意，早去早回，休教有失。"老都管一一都应了。当日杨志领了。

次日早起五更，在府里把担仗都摆在厅前，老都管和两个虞候又将一小担财帛(bó)，共十一担，拣了十一个壮健的厢禁军，都做脚夫打扮。杨志戴上凉笠(lì)儿，穿着青纱衫子，系了缠带行履麻鞋，跨口腰刀，提条朴刀。老都管也打扮作个客人模样，两个虞候假装作跟的伴当。各人都拿了条朴刀，又带几根藤条。梁中书付与了札(zhá)付[①]书

> 梁中书当面吩咐谢都管三人一路上要听杨志的，进一步体现了杨志的精明过人。

> 描写杨志一行人的穿着打扮，说明他们为了掩人耳目，做了充分的准备。

---

① 札付——公文。也写作"扎付"。

呈。一行人都吃得饱了,在厅上拜辞了梁中书。看那军人担仗起程,杨志和谢都管、两个虞候监押着,一行共是十五人,离了梁府,出得北京城门,取大路投东京进发。五里单牌,十里双牌。此时正是五月半天气,虽是晴明得好,只是酷热难行。昔日吴七郡王有八句诗道:

玉屏四下朱阑(lán)绕,簇簇游鱼戏萍藻(zǎo)。

簟(diàn)铺八尺白虾须,头枕一枚红玛瑙。

六龙惧热不敢行,海水煎沸蓬莱岛。

公子犹嫌扇力微,行人正在红尘道。

这八句诗单题着炎天暑月,那公子王孙在凉亭上水阁中,浸着浮瓜沉李,调冰雪藕避暑,尚兀自嫌热。怎知客人为些微名薄利,又无枷锁拘缚(fù),三伏内只得在那途路中行。今日杨志这一行人,要取六月十五日生辰,只得在路途上行。自离了这北京五七日,端的只是起五更趁早凉便行,日中热时便歇。五七日后,人家渐少,行客又稀,一站站都是山路。杨志却要辰牌起身,申时便歇。那十一个厢禁军,担子又重,无有一个稍轻,天气热了,行不得,见着林子便要去歇息。杨志赶着催促要行,如若停住,轻则痛骂,重则藤条便打,逼赶要行。两个虞候虽只背些包裹行李,也气喘了行不上。杨志也嗔道:"你两个好不晓事!这干系须是俺的!你们不替洒家打这夫子,却在背后也慢慢地挨,这路上不是耍处。"那虞候道:"不是我两个要慢走,其实热了行不动,因此落后。前日只是趁

> 杨志根据地形特点安排行歇时间,表现出他的精明与谨慎。

> 对手下的军士,杨志"轻则痛骂,重则藤条便打",表现了他急躁、粗暴的性格特点。

早凉走，如今怎地正热里要行？正是好歹不均匀。"杨志道："你这般说话，却似放屁。前日行的须是好地面，如今正是尴尬(gān gà)去处，若不日里赶过去，谁敢五更半夜走？"两个虞候口里不道，肚中寻思："这厮不直得便骂人。"

杨志提了朴刀，拿着藤条，自去赶那担子。两个虞候坐在柳阴树下等得老都管来。两个虞候告诉道："杨家那厮，强杀只是我相公门下一个提辖，直这般做大①！"老都管道："须是我相公当面吩咐，道休要和他鳌拗，因此我不做声。这两日也看他不得，权且奈他。"两个虞候道："相公也只是人情话儿，都管自做个主便了。"老都管又道："且奈他一奈。"当日行到申牌时分，寻得个客店里歇了。那十个厢禁军雨汗通流，都叹气吹嘘(xū)，对老都管说道："我们不幸做了军健，情知道被差出来。这般火似热的天气，又挑着重担，这两日又不拣早凉行，动不动老大藤条打来，都是一般父母皮肉，我们直恁地苦！"老都管道："你们不要怨怅(chàng)，巴到东京时，我自赏你。"众军汉道："若是似都管看待我们时，并不敢怨怅。"又过了一夜。次日天色未明，众人起来，趁早凉起身去。杨志跳起来喝道："那里去！且睡了，却理会。"众军汉道："趁早不走，日里热时走不得，却打我们。"杨志大骂道："你们省得甚么！"拿了藤条要打。众军忍气吞声，只得睡了。当日直到辰牌时分，慢慢地打火，吃了饭走。一路上赶打着，不许投凉处歇。那十一个厢禁军口里喃喃讷(nè)讷地怨怅，两个虞候在老都管面前絮絮聒(guō)聒地搬口。老都管听了，也不着意，心内自恼他。

话休絮繁。似此行了十四五日，那十四个人，没一个不怨

---

① 做大——摆架子。

怅杨志。当日客店里，辰牌时分，慢慢地打火，吃了早饭行。正是六月初四日时节，天气未及晌午，一轮红日当天，没半点云彩，其日十分大热。古人有八句诗道：

祝融南来鞭火龙，火旗焰焰烧天红。
日轮当午凝不去，万国如在红炉中。
五岳翠干云彩灭，阳侯海底愁波竭。
何当一夕金风起，为我扫除天下热。

当日行的路，都是山僻崎岖小径，南山北岭。却监着那十一个军汉，约行了二十余里路程。那军人们思量要去柳阴树下歇凉，被杨志拿着藤条打将来，喝道："快走！教你早歇。"众军人看那天时，四下里无半点云彩，其时那热不可当。但见：

热气蒸人，嚣(xiāo)尘扑面。万里乾坤如甑(zèng)，一轮火伞当天。四野无云，风突突波翻海沸；千山灼焰，刜(bǐ)剥剥石烈灰飞。空中鸟雀命将休，倒撅入树林深处；水底鱼龙鳞角脱，直钻入泥土窖里。直教石虎喘无休，便是铁人须汗落。

> 环境描写，突出天气炎热，表明押送生辰纲途中的艰辛，为后文卖酒人的出现埋下伏笔，推动情节的发展。

当时杨志催促一行人在山中僻路里行，看看日色当午，那石头上热了，脚疼走不得。众军汉道："这般天气热，兀的不晒杀人。"杨志喝着军汉道："快走！赶过前面冈子去，却再理会。"正行之间，前面迎着那土冈子。众人看这冈子时，但见：

顶上万株绿树，根头一派黄沙。

> 山中僻路，天气炎热。杨志催促众人赶路，既表现他的用心良苦，又刻画出他的强悍作风。

嵯峨浑似老龙形,险峻但闻风雨响。山边茅草,乱丝丝攒遍地刀枪;满地石头,碜可可睡两行虎豹。休道西川蜀道险,须知此是太行山。

当时一行十五人奔上冈子来,歇下担仗,那十四人都去松阴树下睡倒了。杨志说道:"苦也!这里是甚么去处,你们却在这里歇凉!起来,快走!"众军汉道:"你便剁我七八段,其实去不得了。"杨志拿起藤条,劈头劈脑打去。打得这个起来,那个睡倒,杨志无可奈何。只见两个虞候和老都管气喘急急,也巴到冈子上松树下坐了喘气。看这杨志打那军健,老都管见了,说道:"提辖,端的热了走不得,休见他罪过。"杨志道:"都管,你不知,这里正是强人出没的去处,地名叫作黄泥冈。闲常太平时节,白日里兀自出来劫人,休道是这般光景,谁敢在这里停脚!"两个虞候听杨志说了,便道:"我见你说好几遍了,只管把这话来惊吓人。"老都管道:"权且教他们众人歇一歇,略过日中行如何?"杨志道:"你也没分晓了,如何使得!这里下冈子去,兀自有七八里没人家,甚么去处,敢在此歇凉!"老都管道:"我自坐一坐了走,你自去赶他众人先走。"杨志拿着藤条喝道:"一个不走的,吃俺二十棍。"众军汉一齐叫将起来。数内一个分说道:"提辖,我们挑着百十斤担子,须不比你空手走的。你端的不把人当人!便是留守相公自来监押时,也容我们说一句。你好不知疼痒,只顾逞(chěng)办!"杨志骂道:"这畜生不呕(ǒu)死俺,只是打便了。"拿起藤条,劈脸便打去。老都管喝道:"杨提辖且住,你听我说。我在东京太师府里做奶公时,门下官军见了无千无万,都向着

对疲惫不堪的军汉们,杨志没有丝毫的体谅和关心,激化了他和众人的矛盾。

我喏(nuò)喏连声。不是我口浅,量你是个遭死的军人,相公可怜,抬举你做个提辖,比得草芥子大小的官职,直得恁(nèn)地逞能。休说我是相公家都管,便是村庄一个老的,也合依我劝一劝,只顾把他们打,是何看待!"杨志道:"都管,你须是城市里人,生长在相府里,那里知道途路上千难万难。"老都管道:"四川、两广也曾去来,不曾见你这般卖弄。"杨志道:"如今须不比太平时节。"都管道:"你说这话该剜(wān)口割舌,今日天下怎地不太平?"

> 老都管的话既贬低了杨志,也抬高了自己,又晓之以理,让杨志理屈词穷。

杨志却待再要回言,只见对面松林里影着一个人在那里舒头探脑价望。杨志道:"俺说甚么,兀的不是歹人来了!"撇下藤条,拿了朴刀,赶入松林里来,喝一声道:"你这厮好大胆,怎敢看俺的行货!"只见松林里一字儿摆着七辆江州车儿①,七个人脱得赤条条的在那里乘凉。一个鬓边老大一搭朱砂记,拿着一条朴刀,望杨志跟前来。七个人齐叫一声:"呵也!"都跳起来。杨志喝道:"你等是甚么人?"那七人道:"你是甚么人?"杨志又问道:"你等莫不是歹人?"那七人道:"你颠倒问,我等是小本经纪,那里有钱与你。"杨志道:"你等小本经纪人,偏俺有大本钱。"那七人问道:"你端的是甚么人?"杨志道:"你等且说那里来的人?"那七人道:"我等弟兄七人,是濠(háo)州人,贩枣子上东京去,路途打从这里经过。听得多人说,这里黄泥冈上如常有贼打劫客商。我等一面走,一

> 杨志与那七人的对话,表明他精明、谨慎、戒备心强的特点。

---

① 江州车儿——手推的独轮小车。

头自说道：'我七个只有些枣子，别无甚财赋。'只顾过冈子来。上得冈子，当不过这热，权且在这林子里歇一歇，待晚凉了行。只听得有人上冈子来，我们只怕是歹人，因此使这个兄弟出来看一看。"杨志道："原来如此，也是一般的客人。却才见你们窥望，惟恐是歹人，因此赶来看一看。"那七个人道："客官请几个枣子了去。"杨志道："不必。"提了朴刀，再回担边来。

> 杨志相信了那七个人的话，放松了警惕。

老都管道："既是有贼，我们去休。"杨志说道："俺只道是歹人，原来是几个贩枣子的客人。"老都管道："似你方才说时，他们都是没命的。"杨志道："不必相闹，俺只要没事便好。你们且歇了，等凉些走。"众军汉都笑了。杨志也把朴刀插在地上，自去一边树下坐了歇凉。没半碗饭时，只见远远地一个汉子，挑着一副担桶，唱上冈子来。唱道：

"赤日炎炎似火烧，野田禾稻半枯焦。
农夫心内如汤煮，楼上王孙把扇摇。"

那汉子口里唱着，走上冈子来，松林里头歇下担桶，坐地乘凉。众军看见了，便问那汉子道："你桶里是甚么东西？"那汉子应道："是白酒。"众军道："挑往那里去？"那汉子道："挑去村里卖。"众军道："多少钱一桶？"那汉子道："五贯足钱。"众军商量道："我们又热又渴，何不买些吃，也解暑气。"正在那里凑钱，杨志见了，喝道："你们又做甚么？"众军道："买碗酒吃。"杨志调过朴刀杆便打，骂道："你们不得洒家言语，胡乱便

> 众军凑钱买酒喝，无视杨志的命令，公然与他对抗，推动情节的发展。

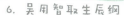

要买酒吃,好大胆!"众军道:"没事又来鸟乱。我们自凑钱买酒吃,干你甚事,也来打人。"杨志道:"你这村鸟理会的甚么!到来只顾吃嘴,全不晓得路途上的勾当艰难。多少好汉,被蒙汗药麻翻了。"那挑酒的汉子看着杨志冷笑道:"你这客官好不晓事,早是我不卖与你吃,却说出这般没气力的话来。"

正在松树边闹动争说,只见对面松林里那伙贩枣子的客人,都提着朴刀走出来问道:"你们做甚么闹?"那挑酒的汉子道:"我自挑这酒过冈子村里卖,热了在此歇凉。他众人要问我买些吃,我又不曾卖与他。这个客官道我酒里有甚么蒙汗药。你道好笑么?说出这般话来!"那七个客人说道:"呸!我只道有歹人出来,原来是如此。说一声也不打紧,我们倒着买一碗吃。既是他们疑心,且卖一桶与我们吃。"那挑酒的道:"不卖,不卖!"这七个客人道:"你这鸟汉子也不晓事,我们须不曾说你。你左右将到村里去卖,一般还你钱,便卖些与我们,打甚么不紧。看你不道得①舍施了茶汤,便又救了我们热渴。"那挑酒的汉子便道:"卖一桶与你不争,只是被他们说的不好。又没碗瓢(piáo)舀吃。"那七人道:"你这汉子忒认真,便说了一声打甚么不紧。我们自有椰瓢在这里。"只见两个客人去车子前取出两个椰瓢来,一个捧出一大捧枣子来。七个人立在桶边,开了桶盖,轮替换着舀那酒吃,把枣子过口,无一时,一桶酒都吃尽了。七个客人道:"正不曾问得你多少价钱?"那汉道:"我一了②不说价,五贯足钱一桶,十贯一担。"七个客人道:

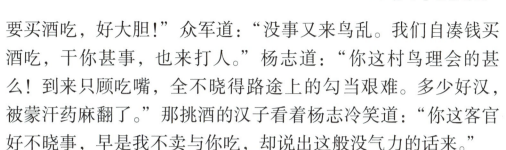

"轮替换着舀那酒吃",目的是使众军士消除疑心。

---

① 不道得——岂不是。
② 一了——一向、一直、向来、本来。

"五贯便依你五贯，只饶我们一瓢吃。"那汉道："饶不的，做定的价钱。"一个客人把钱还他，一个客人便去揭开桶盖，兜了一瓢，拿上便吃。那汉去夺时，这客人手拿半瓢酒，望松林里便走。那汉赶将去，只见这边一个客人从松林里走将出来，手里拿一个瓢，便来桶里舀了一瓢酒。那汉看见，抢来劈手夺住，望桶里一倾，便盖了桶盖，将瓢望地下一丢，口里说道："你这客人好不君子相！戴头识脸的①，也这般啰唣（luó zào）。"

　　那对过众军汉见了，心内痒起来，都待要吃。数中一个看着老都管道："老爷爷，与我们说一声。那卖枣子的客人买他一桶吃了，我们胡乱也买他这桶吃，润一润喉也好。其实热渴了，没奈何，这里冈子上又没讨水吃处。老爷方便！"老都管见众军所说，自心里也要吃得些，竟来对杨志说："那贩枣子客人已买了他一桶酒吃，只有这一桶，胡乱教他们买了避暑气。冈子上端的没处讨水吃。"杨志寻思道："俺在远远处望，这厮们都买他的酒吃了，那桶里当面也见吃了半瓢，想是好的。打了他们半日，胡乱容他买碗吃罢。"杨志道："既然老都管说了，教这厮们买吃了便起身。"众军健听了这话，凑了五贯足钱来买酒吃。那卖酒的汉子道："不卖了，不卖了！"便道："这酒里有蒙汗药在里头。"众军赔着笑说道："大哥，直得便还言语。"那汉道："不卖了，休缠！"这贩枣子的客人劝道："你这个鸟汉子，他也说得差了，你也忒认真，连累我们也吃你说了几声。须不关他众人之事，胡乱卖与他众人吃些。"那汉道："没事讨别人疑心做甚么。"这贩枣子客人把那卖酒的

卖酒的汉子声称"不卖了"，表现他的欲擒故纵。

---

① 戴头识脸的——有面子的、有身份的。

汉子推开一边，只顾将这桶酒提与众军去吃。那军汉开了桶盖，无甚舀吃，赔个小心，问客人借这椰瓢用一用。众客人道："就送这几个枣子与你们过酒。"众军谢道："甚么道理。"客人道："休要相谢，都是一般客人，何争在这百十个枣子上。"众军谢了，先兜两瓢，叫老都管吃一瓢，杨提辖吃一瓢。杨志那里肯吃。老都管自先吃了一瓢，两个虞候各吃一瓢。众军汉一发上，那桶酒登时吃尽了。杨志见众人吃了无事，自本不吃，一者天气甚热，二乃口渴难熬，拿起来，只吃了一半，枣子分几个吃了。

"杨志那里肯吃"表明杨志处处提防，担心中计。见众人吃了无事才"吃了一半"，表现他的谨慎警觉。

那卖酒的汉子说道："这桶酒吃那客人饶两瓢吃了，少了你些酒，我今饶了你众人半贯钱罢。"众军汉把钱还他。那汉子收了钱，挑了空桶，依然唱着山歌，自下冈子去了。

只见那七个贩枣子的客人，立在松树旁边，指着这一十五人说道："倒也，倒也！"只见这十五个人，头重脚轻，一个个面面厮觑（qù），都软倒了。那七个客人从松树林里推出这七辆江州车儿，把车子上枣子都丢在地上，将这十一担金珠宝贝，却装在车子内，叫声："聒噪！"一直望黄泥冈下推了去。杨志口里只是叫苦，软了身体，扎挣不起。十五人眼睁睁地看着那七个人都把这金宝装了去，只是起不来，挣不动，说不得。

我且问你：这七人端的是谁？不是别人，原来正是晁盖、吴用、公孙胜、刘唐、三阮这七个。却才那个挑酒的汉子，便是白日鼠白胜。却怎地用药？原来挑上冈子时，两桶都是好酒。七个人先吃了一桶，刘唐揭起桶盖，又兜了半瓢吃，故意要他们看着，只是教人死心塌地。次后，吴用去松林里取出药

经典里的名人馆

来，抖在瓢里，只做赶来饶他酒吃，把瓢去兜时，药已搅在酒里，假意兜半瓢吃，那白胜劈手夺来，倾在桶里。这个便是计策。那计较都是吴用主张。这个唤作"智取生辰纲"。

精明能干的杨志不敌足智多谋的吴用，丢了生辰纲后，他走投无路，想以死谢罪。

原来杨志吃的酒少，便醒得快，爬将起来，兀自捉脚不住。看那十四个人时，口角流涎（xián），都动不得。正应俗语道："饶你奸似鬼，吃了洗脚水。"杨志愤闷道："不争你把了生辰纲去，教俺如何回去见得梁中书！这纸领状须缴不得！"就扯破了。"如今闪得俺有家难奔，有国难投，待走那里去？不如就这冈子上寻个死处！"撩（liāo）衣破步，望黄泥冈下便跳。正是：虽然未得身荣贵，到此先须祸及身。正是：断送落花三月雨，摧残杨柳九秋霜。毕竟杨志在黄泥冈上寻死，性命如何，且听下回分解。

（选自《水浒传》第十六回）

乐行乐思

吴用使用什么妙计取得了生辰纲？你觉得他的计谋妙在何处？如果你是杨志，你能识破他的计谋吗？

大课堂

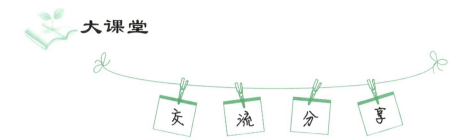

1. 回目细说。我国古典小说多是章回体，小说题目叫回目，这一个个回目有什么相似的地方？从回目上你可发现哪些是连成一体的长篇故事？

2. 精彩展演。在小组或班里，把自己讲得最好的那个故事讲给大家听，要配上恰当的语气、动作和表情，有些比较长的可以选择其中一部分来讲。

3. 人生品味。结合所阅读的内容，说说故事里人物的酸甜苦辣、喜怒哀乐给你留下了怎样的印象，要能够说出与别人不一样的感受。

4. 难题破解。读古典小说，字词难认，语句难读，篇长难记，阅读中如何有效地解决这些问题，各有妙法，当与大家共享。如查阅工具，反复阅读，按序分段推进等，联系实际慢慢地具体道来吧。

7. 宋江率军三打祝家庄

格言曰：

乾坤宏大，日月照鉴(jiàn)分明。
宇宙宽洪，天地不容奸党。
使心用幸，果报只在今生。
积善存仁，获福休言后世。
千般巧计，不如本分为人。
万种强为，争奈随缘俭用。
心慈行孝，何须努力看经。
意恶损人，空读如来一藏。

话说当时军师吴用启烦戴宗道："贤弟可与我回山寨去取铁面孔目裴(péi)宣，圣手书生萧(xiāo)让，通臂猿侯健，玉臂匠金大坚。可教此四人带了如此行头，连夜下山来，我自有用他处。"戴宗去了。

只见寨外军士来报："西村扈(hù)家庄上扈成，牵牛担酒，特来求见。"宋江叫请入来。扈成来到中军帐前，再拜恩告道："小妹一时粗卤(lǔ)，年幼不省人事，误犯威颜，今者被擒，望乞将军宽恕。奈缘小妹原许祝家庄上，小妹不合奋一时之勇，陷于缧绁(léi xiè)。如蒙将军饶放，但用之物，当依命拜奉。"宋江道："且请坐说话。祝家庄那厮好生无礼，平白欺负俺山寨，因此行兵报仇，须与你扈家无冤(yuān)。只是令妹引人捉了我王矮虎，因此还礼，拿了令妹。你把王矮虎放回还我，我便把令妹还你。"扈成答道："不期已被祝家庄拿了这个好汉去。"吴学究便道："我这王矮虎今在何处？"扈成道："如今擒锁在祝家庄上，小人怎敢去取？"宋江道："你不去取得王矮虎来还我，如何能勾得你令妹回去？"吴学究道："兄长休如此说。只依小生一言：今后早晚祝家庄上但有些响亮，你的庄上切不可令人来救护；倘或祝家庄上有人投奔你处，你可就缚在彼。若是捉下得人时，那时送还令妹到贵庄。只是如今不在本寨，前日已使人送上山，奉养在宋太公处。你且放心回去，我这里自有个道理。"扈成道："今番断然不敢去救应他。若是他庄上果有人来投我时，定缚来奉献将军麾(huī)下。"宋江道："你若是如此，便强似送我金帛。"扈成拜谢了去。

且说孙立却把旗号上改换作"登州兵马提辖孙立"，领了一行人马，都来到祝家庄后门前。庄上墙里望见是登州旗号，报入庄里去。栾(luán)廷玉听得是登州孙提辖到来相望，说与祝氏三杰道："这孙提辖是我弟兄，自幼与他同师学艺。今日不知如何到此？"带了二十余人马，开了庄门，放下吊桥，出来迎接。孙立一行人都下了马。众人讲礼已罢，栾廷玉问道："贤弟在登州守把，如何到此？"孙立答道："总兵府行下文书，对调我来此间郓州守把城池，提防梁山泊强寇。便道经过，闻知仁兄在此祝家庄，特来相探。本待从前门来，因见村口庄前俱屯(tún)下许多军马，不敢过来，特地寻觅村里，从小路问道庄后，入来拜望仁兄。"栾廷玉道："便是这几时连日与梁山泊强寇厮杀，已拿得他几个头领在庄里了，只要捉了宋江贼首，一并解官。天幸今得贤弟来此间镇守,正如锦上添花,旱苗得雨。"孙立笑道:"小弟不才,且看相助捉拿这厮们,成全兄长之功。"

栾廷玉大喜,当下都引一行人进庄里来,再拽起了吊桥,关上了庄门。孙立一行人安顿车仗人马,更换衣裳,都出前厅来相见。祝朝奉与祝龙、祝虎、祝彪三杰都相见了。一家儿都在厅前相接,栾廷玉引孙立等上到厅上相见。讲礼已罢,便对祝朝奉说道:"我这个贤弟孙立,绰号病尉迟,任登州兵马提辖。今奉总兵府对调他来镇守此间郓州。"祝朝奉道:"老夫亦是治下。"孙立道:"卑(bēi)小之职,何足道哉。早晚也要望朝奉提携指教。"祝氏三杰相请众位尊坐。孙立动问道:"连日相杀,征阵劳神。"祝龙答道:"也未见胜败。众位尊兄鞍马劳神不易。"孙立便叫顾大嫂引了乐大娘子叔伯姆两个,去后堂拜见宅眷。唤过孙新、解珍、解宝参见了,说道:"这三个是我兄弟。"指着乐和便道:"这位是此间郓州差来取的公吏。"指着邹(zōu)渊、邹润道:"这两个是登州送来的军官。"祝朝奉并三子虽是聪明,却见他又有老小并许多行李车仗人马,又是栾廷玉教师的兄弟,那里有疑心?只顾杀牛宰马,做筵(yán)席管待众人,且饮酒食。

祝朝奉父子见孙立带着一家老小,又是栾廷玉的兄弟,便没有起疑心。

过了一两日,到第三日,庄兵报道:"宋江又调军马杀奔庄上来了。"祝彪道:"我自去上马拿此贼。"便出庄门,放下吊桥,引一百余骑马军杀将出来。早迎见一彪军马,约有五百来人,当先拥出那个头领,弯弓插箭,拍马抢枪,乃是小李广花荣。祝彪见了跃马挺枪,向前来斗,花荣也纵马来战祝彪。两个在独龙冈前,约

祝彪迎战花荣。花荣佯装败走,引诱祝彪赶来。

斗了十数合，不分胜败。花荣卖了个破绽，拨回马便走，引他赶来。祝彪正待要纵马追去，背后有认得的说道："将军休要去赶，恐防暗器，此人深好弓箭。"祝彪听罢，便勒转马来不赶，领回人马，投庄上来，拽起吊桥。看花荣时，也引军马回去了。祝彪直到厅前下马，进后堂来饮酒。孙立动问道："小将军今日拿得甚贼？"祝彪道："这厮们伙里有个甚么小李广花荣，枪法好生了得。斗了五十余合，那厮走了。我却待要赶去追他，军人们道那厮好弓箭，因此各自收兵回来。"孙立道："来日看小弟不才，拿他几个。"当日筵席上叫乐和唱曲，众人皆喜。至晚席散，又歇了一夜。

> 通过祝彪之口，从侧面表现出花荣枪法了得，箭法高超。

到第四日午牌，忽有庄兵报道："宋江军马又来在庄前了。"当下祝龙、祝虎、祝彪三子都披挂了，出到庄前门外，远远地望见，早听得鸣锣擂鼓，呐喊摇旗，对面早摆成阵势。这里祝朝奉坐在庄门上，左边栾廷玉，右边孙提辖，祝家三杰并孙立带来的许多人伴，都摆在两边。早见宋江阵上豹子头林冲高声叫骂，祝龙焦躁，喝叫放下吊桥，绰枪上马，引一二百人马，大喊一声，直奔林冲阵上。庄门下擂起鼓来，两边各把弓弩(nǔ)射住阵脚。林冲挺起丈八蛇矛，和祝龙交战，连斗到三十余合，不分胜败。两边鸣锣，各回了马。祝虎大怒，提刀上马，跑到阵前高声大叫："宋江决战！"说言未了，宋江阵上早有一将出马，乃是没遮拦穆弘(mù hóng)，来战祝虎。两个斗了三十余合，又没胜败。祝彪见了大怒，便绰枪飞身上马，引二百余骑奔到阵前。宋江队里病关索杨雄，一骑马，一条枪，飞抢出来战祝彪。孙立看见两队儿在阵前厮杀，心中忍耐不住，便唤孙新："取我的鞭枪来，就将我的衣甲头盔袍袄把来。"披挂了，牵过自己马来，这骑马号乌骓(zhuī)马，鞴(bèi)上鞍子，扣了三条肚带，腕(wàn)上悬了虎眼钢鞭，绰枪上马。祝家庄上一声锣响，孙立出马在阵前。宋江阵上林冲、穆弘、杨雄都勒住马，立于阵前。孙立早跑马出来，说道："看小可捉这厮们。"孙立把马兜住，喝问道："你那贼兵阵上有好厮杀的，出来与我决战！"宋江阵内鸾(luán)铃响处，一骑马跑将出来，众人看时，乃是拼命三郎石秀，来战孙立。两马相交，双枪并举，四条臂膊纵横，八只马蹄撩乱。两个斗到五十合，孙立卖个破绽，让石秀一枪搠(shuò)入来，虚闪一个过，把石秀轻轻的从马上捉过来，直挟到庄前撇下，喝道："把来缚了！"祝家三子把宋江军马一搅，都赶散了。

> 孙立迎战石秀，石秀故意败给孙立被俘。

三子收军，回到门楼下，见了孙立，众皆拱手钦伏。孙立便问道："共是捉得几个贼人？"祝朝奉道："起初先捉得一个时迁，次后拿得一个细作杨林，又捉得一个黄信。扈家庄一丈青捉得一个王矮虎。阵上拿得两个，秦明、邓飞。今番将军又捉得这个石秀，这厮正是烧了我店屋的。共是七个了。"孙立道："一个也不要坏他，快做七辆囚车装了，与些酒饭，将养身体，休教饿损了他，不好看。他日拿了宋江，一并解上东京去，教天下传名，说这个祝家庄三子。"祝朝奉谢道："多幸得提辖相助，想是这梁山泊当灭也。"邀请孙立到后堂筵宴。石秀自把囚车装了。

> 孙立帮祝家庄捉拿了石秀，赢得了祝家庄的信任，又为里应外合攻破祝家庄添了个人手。情节层层推进，扣人心弦。

看官听说：石秀的武艺不低似孙立，要赚祝家庄人，故意教孙立捉了，使他庄上人一发信他。孙立又暗暗地使邹渊、邹润、乐和去后房里把门户都看了出入的路数。杨林、邓飞见了邹渊、邹润，心中暗喜。乐和张看得没人，便透个消息与众人知了。顾大嫂与乐大娘子在里面，已看了房户出入的门径。话休絮繁。一是祝家庄当败，二乃恶贯满盈，早是祝家庄坦然不疑。

至第五日，孙立等众人都在庄上闲行。当日辰牌时候，早饭已罢，只见庄兵报道："今日宋江分兵做四路来打本庄。"孙立道："分十路待怎地！你手下人且不要慌，早做准备便了。先安排些挠钩套索，须要活捉，拿死的也不算！"庄上人都披挂了。祝朝奉亲自也引着一班儿上门楼来看时，见正东上一彪人马，当先一个头领乃是豹子头林冲，背后便是李俊、阮小二，约有五百以上人马在此；正西上又有五百来人马，当先一个头领乃是小李广花荣，随背后是张横、张顺；正南门楼上望时，也有五百来人马，当先三个头领乃是没遮拦穆弘、病关索杨雄、黑旋风李逵(kuí)。四面都是兵马，战鼓齐鸣，喊声大举。栾廷玉听了道："今日这厮们厮杀，不可轻敌。我引了一队人马出后门杀这正西北上的人马。"祝龙道："我出前门杀这正东上的人马贼兵。"祝虎道："我也出后门杀那正南上的人马。"祝彪道："我也出前门捉宋江，是要紧的贼首。"祝朝奉大喜，都赏了酒。各人上马，尽带了三百余骑奔出庄门。其余的都守庄院，门楼前呐喊。此时邹渊、邹润已藏了大斧，只守在监门左侧。解珍、解宝藏了暗器，不离后门。孙新、乐和已守定前门左右。顾大嫂先拨人兵保护乐大娘子，却自拿了两把双刀在堂前趃(xué)。只听风声，便乃下手。

且说祝家庄上擂了三通战鼓，放了一个炮，把前后门都开，放了吊桥，一齐杀将出来。四路军兵出了门，四下里分投去厮杀。临后孙立带了十数个军兵，立在吊桥上。门里孙新便

邹渊、邹润砍死了把守监房的庄兵,放出了七位梁山好汉。解珍、解宝趁机放火,在祝家庄内制造混乱。

把原带来的旗号插起在门楼上。乐和便提着枪直唱将入来。邹渊、邹润听得乐和唱,便嗯哨了几声,抡动大斧,早把守监房的庄兵砍翻了数十个,便开了陷车,放出七个大虫来,各各寻了器械,一声喊起。顾大嫂掣出两把刀,直奔入房里,把应有妇人,一刀一个尽都杀了。祝朝奉见头势不好了,却待要投井时,早被石秀一刀剁（duò）翻,割了首级。那十数个好汉分投来杀庄兵。后门头解珍、解宝便去马草堆里放起把火,黑焰冲天而起。四路人马见庄上火起,并力向前。祝虎见庄里火起,先奔回来。孙立守在吊桥上,大喝一声:"你那厮那里去!"拦住吊桥。祝虎省口,便拨转马头,再奔宋江阵上来。这里吕方、郭盛,两戟（jǐ）齐举,早把祝虎和人连马搠翻在地,众军乱上,剁作肉泥。前军四散奔走。孙立、孙新迎接宋公明入庄。且说东路祝龙斗林冲不住,飞马望庄后而来。到得吊桥边,见后门头解珍、解宝把庄客的尸首一个个撺（cuān）将下来。火焰里祝龙急回马望北而走,猛然撞着黑旋风,踊身便到,抡动双斧,早砍翻马脚。祝龙措手不及,倒撞下来,被李逵只一斧,把头劈翻在地。祝彪见庄兵走来报知,不敢回,直望扈家庄投奔,被扈成叫庄客捉了,绑缚下。正解将来见宋江,恰好遇着李逵,只一斧,砍翻祝彪头来。庄客都四散走了。李逵再抡起双斧,便看着扈成砍来。扈成见局面不好,拍马落荒而走,弃家逃命,投延安府去了。后来中兴内也做了个军官武将。且说李逵正杀得手顺,直抢入扈家庄里,把扈太公一门老幼尽数杀了,不

李逵大开杀戒,表现出他暴虐的一面。

留一个。叫小喽啰(lóu luo)牵了有的马匹，把庄里一应有的财赋，捎(shāo)搭①有四五十驮，将庄院门一把火烧了，却回来献纳。

再说宋江已在祝家庄上正厅坐下，众头领都来献功，生擒得四五百人，夺得好马五百余匹，活捉牛羊不计其数。宋江看了，大喜道："只可惜杀了栾廷玉那个好汉。"正嗟叹间，闻人报道："黑旋风烧了扈家庄，砍得头来献纳。"宋江便道："前日扈成已来投降，谁教他杀了此人？如何烧了他庄院？"只见黑旋风一身血污，腰里插着两把板斧，直到宋江面前唱个大喏，说道："祝龙是兄弟杀了，祝彪也是兄弟砍了，扈成那厮走了，扈太公一家都杀得干干净净，兄弟特来请功。"宋江喝道："祝龙曾有人见你杀了，别的怎地是你杀了？"黑旋风道："我砍得手顺，望扈家庄赶去，正撞见一丈青的哥哥解那祝彪出来，被我一斧砍了，只可惜走了扈成那厮。他家庄上被我杀得一个也没了。"宋江喝道："你这厮！谁叫你去来！你也须知扈成前日牵牛担酒前来投降了，如何不听得我的言语，擅自去杀他一家，故违了我的将令！"李逵道："你便忘记了，我须不忘记！那厮前日教那个鸟婆娘赶着哥哥要杀，你今却又做人情。你又不曾和他妹子成亲，便又思量阿舅、丈人。"宋江喝道："你这铁牛，休得胡说！我如何肯要这妇人？我自有个处置。你这黑厮拿得活的有几个？"李逵答道："谁鸟奈烦！见着活的便砍了。"宋江道："你这厮违了我的军令，本合斩首，且把杀祝龙、祝彪的功劳折过了。下次违令，定行不饶！"黑旋风笑道："虽然没了

语言描写，表现了李逵急躁、勇猛又莽撞的性格特点。

---

① 捎搭——装载。

功劳，也吃我杀得快活！"

> 石秀曾经受到老人的帮助，懂得知恩图报。宋江的侠义之心再一次体现。

只见军师吴学究引着一行人马，都到庄上来与宋江把盏贺喜。宋江与吴用商议道，要把这祝家庄村坊洗荡了。石秀禀说起："这锺(zhōng)离老人仁德之人，指路之力，救济大恩，也有此等善心良民在内，亦不可屈坏了这等好人。"宋江听罢，叫石秀去寻那老人来。石秀去不多时，引着那个锺离老人来到庄上，拜见宋江、吴学究。宋江取一包金帛赏与老人，永为乡民："不是你这个老人面上有恩，把你这个村坊尽数洗荡了，不留一家。因为你一家为善，以此饶了你这一境村坊人民。"那锺离老人只是下拜。宋江又道："我连日在此搅扰你们百姓，今日打破了祝家庄，与你村中除害，所有各家，赐粮米一石，以表人心。"就着锺离老人为头给散。一面把祝家庄多余粮米，尽数装载上车。金银财赋，犒赏三军众将。其余牛羊骡马等物，将去山中支用。打破祝家庄得粮五千万石，宋江大喜。大小头领将军马收拾起身。又得若干新到头领，孙立、孙新、解珍、解宝、邹渊、邹润、乐和、顾大嫂，并救出七个好汉。孙立等将自己马也捎带了自己的财赋，同老小乐大娘子，跟随了大队军马上山。当有村坊乡民扶老挈(qiè)幼，香花灯烛，于路拜谢。宋江等众将一齐上马，将军兵分作三队摆开，前面鞭敲金镫(dèng)，后军齐唱凯歌。但见：

云开见日，雾散天清。旱苗得时雨重生，枯树遇春风再活。一鞭喜色，如龙骏马赴梁山；满面笑容，似虎雄兵归大寨。车上满装粮草，军中尽是降兵。风卷旌旗，将将齐敲金镫响；春风宇宙，人人都唱凯歌回。

宋江把这祝家庄兵都收在部下，一行军马尽出村口。乡民百姓，自把祝家庄村坊拆作白地。

话分两头。且说扑天雕李应恰才将息得箭疮平复，闭门在庄上不出，暗地使人常常去探听祝家庄消息，已知被宋江打破了，惊喜相半。只见庄客入来报说："有本州知府带领三五十部汉到庄，便问祝家庄事情。"李应慌忙叫杜兴开了庄门，放下吊桥，迎接入庄。李应把条白绢搭膊络着手，出来迎迓(yà)，邀请进庄里前厅。知府下了马，来到厅上，居中坐了。侧首坐着孔目，下面一个押番，几个虞候，阶下尽是许多节级牢子。李应拜罢，立在厅前。知府问道："祝家庄被杀一事如何？"李应答道："小人因被祝彪射了一箭，有伤左臂，一向闭门，不敢出去，不知其实。"知府道："胡说！祝家庄见有状子告你结连梁山泊强寇，引诱他军马打破了庄，前日又受他鞍马羊酒，采段金银，你如何赖得过？知情是你！"李应告道："小人是知法度的人，如何敢受他的东西。"知府道："难信你说。且提去府里，你自与他对理明白。"喝叫狱卒牢子捉了："带他州里去与祝家分辨。"两下押番、虞候把李应缚了，众人簇拥知府上了马。知府又问道："那个是杜主管杜兴？"杜兴道："小人便是。"知府道："状上也有你名。一同带去，也与他锁了。"一行人都出庄门。当时拿了李应、杜兴，离了李家庄，脚不停地解来。

行不过三十余里，只见林子边撞出宋江、林冲、花荣、杨雄、石秀一班人马，拦住去路。林冲大喝道："梁山泊好汉合伙在此！"那知府人等不敢抵敌，撇(piē)了李应、杜兴，逃命去了。宋江喝叫："赶上！"众人赶了一程回来，说道："我们

经典里的名人馆

宋江等人救下李应、杜兴，并劝说他二人上梁山泊。

若赶上时，也把这个鸟知府杀了。但自不知去向。"便与李应、杜兴解了缚索，开了锁，便牵两匹马过来，与他两个骑了。宋江便道："且请大官人上梁山泊躲几时如何？"李应道："却是使不得。知府是你们杀了，不干我事。"宋江笑道："官司里怎肯与你如此分辨？我们去了，必然要负累了你。既是大官人不肯落草，且在山寨消停几日，打听得没事了时，再下山来不迟。"当下不由李应、杜兴不行，大队军马中间如何回得来。一行三军人马，迤逦(yí lǐ)回到梁山泊了。

寨里头领晁盖等众人擂鼓吹笛，下山来迎接，把了接风酒，都上到大寨里聚义厅上扇圈也似坐下。请上李应与众头领都相见了。两个讲礼已罢，李应禀宋江道："小可两个已送将军到大寨了，既与众头领亦都相见了。在此趋侍不妨，只不知家中老小如何，可教小人下山则个。"吴学究笑道："大官人差矣。宝眷(juàn)已都取到山寨了，贵庄一把火已都烧作白地，大官人却回那里去？"李应不信。早见车仗人马，队队上山来。李应看时，却见是自家的庄客并老小人等。李应连忙来问时，妻子说道："你被知府捉了来，随后又有两个巡检引着四个都头，带领二百来士兵，到来抄扎家私。把我们好好地教上车子，将家里一应箱笼、牛羊、马匹、驴骡等项，都拿了去，又把庄院放起火来都烧了。"李应听罢，只叫得苦。晁盖、宋江都下厅服罪道："我等弟兄们端的久闻大官人好处，因此行出这条计来，万望大官人情恕！"李应见了如此言语，只得随顺了。宋江道："且请宅眷后厅耳房中安歇(xiē)。"李应又见厅前厅后这许

晁盖、宋江都来向李应赔罪，李应只得答应入伙。

90

多头领，亦有家眷老小在彼，便与妻子道："只得依允他过。"宋江等当时请至厅前叙说闲话，众皆大喜。宋江便取笑道："大官人，你看我叫过两个巡检并那知府过来。"扮知府的是萧让，扮巡检的两个是戴宗、杨林，扮孔目的是裴宣，扮虞候的是金大坚、侯健。又叫唤那四个都头，却是李俊、张横、马麟(lín)、白胜。李应都见了，目睁口呆，言语不得。

> 原来知府等人是梁山的人假扮的，是为了拉李应入伙而设下的圈套。

宋江喝叫小头目快杀牛宰马与大官人陪话，庆贺新上山的十二位头领，乃是李应、孙立、孙新、解珍、解宝、邹渊、邹润、杜兴、乐和、时迁；女头领扈三娘、顾大嫂同乐大娘子、李应宅眷，另做一席在后堂饮酒。正厅上大吹大擂，众多好汉饮酒至晚方散。

次日又做席面，宋江主张，一丈青与王矮虎作配，结为夫妇。众头领都称赞宋公明仁德之士。正饮宴间，只见山下有人来报道："朱贵头领酒店里有个郓城县人在那里，要来见头领。"晁盖、宋江听得报了，大喜道："既是这恩人上山来入伙，足遂平生之愿。"

不知那个人来，有分教：枷梢起处，打翻路柳墙花；大斧落时，杀倒幼童稚子。皆是两筹好汉恩逢义，一个军师智隐情。毕竟来的是郓城县甚么人，且听下回分解。

（选自《水浒传》第五十回）

宋江第三次攻打祝家庄为什么能取得胜利？用自己的话说一说"三打祝家庄"获胜的原因。

经典里的名人馆

8. 煮酒论英雄

> 汉献帝不满曹操独揽大权，秘密写下衣带诏，命令董贵人的父亲董承设法诛杀曹操。董承与马腾等人商议，马腾推荐了刘备。

却说董承等问马腾曰："公欲用何人？"马腾曰："见有豫（yù）州牧刘玄（xuán）德在此，何不求之？"承曰："此人虽系皇叔，今正依附曹操，安肯行此事耶？"腾曰："吾观前日围场之中，曹操迎受众贺之时，云长（cháng）在玄德背后，挺刀欲杀操，玄德以目视之而止。玄德非不欲图操，恨操牙爪多，恐力不及耳。公试求之，当必应允。"吴硕（shuò）曰："此事不宜太速，当从容商议。"众皆散去。次日黑夜里，董承怀诏，径往玄德公馆中来。门吏（lì）入报，玄德迎出，请入小阁坐定，关、张侍立于侧。玄德曰："国舅夤（yín）夜①至此，必有事故。"承曰："白日乘马相访，恐操见疑，故黑夜相见。"玄德命取酒相待。承曰："前日围场之中，云长欲杀曹操，将军动目摇头而退之，何也？"玄德失惊曰："公何以知之？"承曰："人皆不见，某独见之。"玄德不能隐讳（huì），遂曰："舍弟见操僭（jiàn）越②，故不觉发怒耳。"承掩面而哭曰："朝廷臣子，若尽如云长，何忧不太平哉！"玄德恐是曹操使他来试探，乃佯（yáng）言曰："曹丞相治国，为何忧不太平？"承变色而起曰："公乃汉朝皇

---

① 夤夜——深夜。
② 僭越——超过了封建礼法的等级规定。

叔,故剖肝沥(lì)胆以相告,公何诈(zhà)也?"玄德曰:"恐国舅有诈,故相试耳。"于是董承取衣带诏(zhào)令观之,玄德不胜悲愤。又将义状出示,上只有六位:一,车骑将军董承;二,工部侍郎王子服;三,长水校尉种辑(jí);四,议郎吴硕;五,昭(zhāo)信将军吴子兰;六,西凉太守马腾。玄德曰:"公既奉诏讨贼,备敢不效犬马之劳。"承拜谢,便请书名。玄德亦书"左将军刘备",押了字,付承收讫(qì)。承曰:"尚容再请三人,共聚十义,以图国贼。"玄德曰:"切宜缓缓施行,不可轻泄(xiè)。"共议到五更,相别去了。

刘备怕董承是曹操派来试探自己的,故意这么说,表现他的小心谨慎。

玄德也防曹操谋害,就下处后园种菜,亲自浇灌,以为韬(tāo)晦①之计。关、张二人曰:"兄不留心天下大事,而学小人②之事,何也?"玄德曰:"此非二弟所知也。"二人乃不复言。

一日,关、张不在,玄德正在后园浇菜,许褚(chǔ)、张辽引数十人入园中曰:"丞相有命,请使君便行。"玄德惊问曰:"有甚紧事?"许褚曰:"不知。只教我来相请。"玄德只得随二人入府见操。操笑曰:"在家做得好大事!"唬得玄德面如土色。操执玄德手,直至后园,曰:"玄德学圃(pǔ)③不易!"玄德方才放心,答曰:"无事消遣耳。"操曰:"适见枝头梅子青青,忽感去年征张绣时,道上缺水,将士皆渴,吾心生一

刘备入府见曹操,对话描写一波三折,紧扣读者心弦。

---

① 韬晦——收敛光芒;隐藏行迹。
② 小人——封建统治阶级对劳动人民的诬蔑称呼。
③ 学圃——学习种菜。

计，以鞭虚指曰：'前面有梅林。'军士闻之，口皆生唾，由是不渴。今见此梅，不可不赏。又值煮酒正熟，故邀使君小亭一会。"玄德心神方定。随至小亭，已设樽俎(zūn zǔ)：盘置青梅，一樽煮酒。二人对坐，开怀畅饮。

酒至半酣(hān)，忽阴云漠漠，骤雨将至。从人遥指天外龙挂①，操与玄德凭栏观之。操曰："使君知龙之变化否？"玄德曰："未知其详。"操曰："龙能大能小，能升能隐。大则兴云吐雾，小则隐介藏形；升则飞腾于宇宙之间，隐则潜伏于波涛之内。方今春深，龙乘时变化，犹人得志而纵横四海。龙之为物，可比世之英雄。玄德久历四方，必知当世英雄，请试指言之。"玄德曰："备肉眼安识英雄？"操曰："休得过谦。"玄德曰："备叨恩庇(bì)，得仕于朝。天下英雄，实有未知。"操曰："既不识其面，亦闻其名。"玄德曰："淮南袁术，兵粮足备，可为英雄？"操笑曰："冢(zhǒng)中枯骨，吾早晚必擒之！"玄德曰："河北袁绍，四世三公，门多故吏，今虎踞冀州之地，部下能事者极多，可为英雄？"操笑曰："袁绍色厉胆薄，好谋无断，干大事而惜身，见小利而忘命，非英雄也。"玄德曰："有一人名称八俊，威镇九州——刘景升可为英雄？"操曰："刘表虚名无实，非英雄也。"玄德曰："有一人血气方刚，江东领袖——孙伯符乃英雄也？"操曰："孙策藉(jí)父之名，非英雄也。"玄德曰："益州刘季玉，可为英雄乎？"操曰："刘璋(zhāng)虽系宗室，乃守户之犬耳，何足为英

> 对话描写，表现出刘备的深藏不露、谦恭机智和曹操的野心勃勃、不可一世。双方各怀心机，表面却谈笑风生，引人入胜。

---

① 龙挂——龙卷风。古人远看龙卷风的形状，以为是龙在下挂吸水。

雄！"玄德曰："如张绣、张鲁、韩遂等辈皆何如？"操鼓掌大笑曰："此等碌碌小人，何足挂齿！"玄德曰："舍此之外，备实不知。"操曰："夫英雄者，胸怀大志，腹有良谋，有包藏宇宙之机，吞吐天地之志者也。"玄德曰："谁能当之？"操以手指玄德，后自指，曰："今天下英雄，惟使君与操耳！"玄德闻言，吃了一惊，手中所执匙箸，不觉落于地下。时正值大雨将至，雷声

> 曹操的话看似在夸刘备，实则是在试探刘备。刘备沉着镇定，随机应变，借雷声掩饰惊慌，骗过了多疑老练的曹操。

大作，玄德乃从容俯首拾箸曰："一震之威，乃至于此。"操笑曰："丈夫亦畏雷乎？"玄德曰："圣人迅雷风烈必变①，安得不畏？"将闻言失箸缘故，轻轻掩饰过了，操遂不疑玄德。后人有诗赞曰：

　　勉从虎穴暂趋身，说破英雄惊杀人。巧借闻雷来掩饰，随机应变信如神。

大雨方住，见两个人撞入后园，手提宝剑，突至亭前，左右拦挡不住。操视之，乃关、张二人也。原来二人从城外射箭方回，听得玄德被许褚、张辽请将去了，慌忙来相府打听。闻说在后园，只恐有失，故冲突而入。却见玄德与操对坐饮酒，二人按剑而立。操问二人何来，云长曰："听知丞相和兄饮酒，特来舞剑，以助一笑。"操笑曰："此非'鸿门会'②，安用项庄、项伯乎？"玄德亦笑。操命："取酒与二'樊哙(kuài)'压惊。"关、张拜谢。须臾席散，玄德辞操而归。云长曰："险些

---

① 圣人迅雷风烈必变——圣人，即孔子。"迅雷风烈必变"语出《论语·乡党》，说孔子遇到疾雷暴风，必定改变神色，表示对上天的敬畏。
② 鸿门会——充满阴谋和杀机的宴会。

> 刘备解释种菜原因，表明他的深谋远虑，照应了前文。

惊杀我两个！"玄德以落箸事说与关、张，关、张问是何意。玄德曰："吾之学圃，正欲使操知我无大志，不意操竟指我为英雄，我故失惊落箸。又恐操生疑，故借惧雷以掩饰之耳。"关、张曰："兄真高见！"

操次日又请玄德。正饮间，人报满宠去探听袁绍而回，操召入问之。宠曰："公孙瓒（zàn）已被袁绍破了。"玄德急问曰："愿闻其详。"宠曰："瓒与绍战不利，筑城围圈，圈上建楼，高十丈，名曰易京楼，积粟三十万以自守。战士出入不息，或有被绍围者，众请救之。瓒曰：'若救一人，后之战者只望人救，不肯死战矣。'遂不肯救。因此袁绍兵来，多有降者。瓒势孤，使人持书赴许都求救，不意中途为绍军所获。瓒又遗书张燕，暗约举火为号，里应外合。下书人又被袁绍擒住，却来城外放火诱敌。瓒自出战，伏兵四起，军马折其大半。退守城中，被袁绍穿地直入瓒所居之楼下，放起火来。瓒无走路，先杀妻子，然后自缢，全家都被火焚了。今袁绍得了瓒军，声势甚盛。绍弟袁术在淮南骄奢（shē）过度，不恤（xù）军民，众皆背反，术使人归帝号于袁绍。绍欲取玉玺（xǐ），术约亲自送至，见今弃淮南欲归河北。若二人协力，急难收复。乞丞相作急图之。"玄德闻公孙瓒已死，追念昔日荐己之恩，不胜伤感，又不知赵子龙如何下落，放心不下，因暗想曰："我不就此时寻个脱身之计，更待何时？"遂起身对操曰："术若投绍，必从徐州过。备请一军就半路截击，术可擒矣。"操笑曰："来

> 神态描写，表现了刘备的重情重义。心理、语言描写，表现了他的机智多谋。

日奏帝，即便起兵。"

次日，玄德面奏君。操令玄德总督五万人马，又差朱灵、路昭二人同行。玄德辞帝，帝泣送之。玄德到寓，星夜收拾军器鞍马，挂了将军印，催促便行。董承赶出十里长亭来送，玄德曰："国舅宁耐，某此行必有以报命。"承曰："公宜留意，勿负帝心。"二人分别。关、张在马上问曰："兄今番出征，何故如此慌速？"玄德曰："吾乃笼中鸟、网中鱼。此一行如鱼入大海、鸟上青霄（xiāo），不受笼网之羁绊（jī bàn）也！"因命关、张催朱灵、路昭军马速行。时郭嘉、程昱（yù）考较钱粮方回，知曹操已遣玄德进兵徐州，慌入谏（jiàn）曰："丞相何故令刘备督军？"操曰："欲截袁术耳。"程昱曰："昔刘备为豫州牧时，某等请杀之，丞相不听，今日又与之兵。此放龙入海，纵虎归山也。后欲治之，其可得乎？"郭嘉曰："丞相纵不杀备，亦不当使之去。古人云：'一日纵敌，万世之患。'望丞相察之。"操然其言，遂令许褚将兵五百前往，务要追玄德转来。许褚应诺而去。

却说玄德正行之间，只见后面尘头骤起，谓关、张曰："此必曹兵追至也。"遂下了营寨，令关、张各执军器，立于两边。许褚至，见严兵整甲，乃下马入营见玄德。玄德曰："公来此何干？"褚曰："奉丞相命，特请将军回去，别有商议。"玄德曰："'将在外，君命有所不受。'吾面过君，又蒙丞相钧语。今别无他以，公可速回，为我禀覆丞相。"许褚寻思："丞相与他一向交好，今番又不曾教我来厮杀，只得将他言语回覆，另候裁夺便了。"遂辞了玄德，领兵而回。回见曹操，备述玄德之言。操犹豫未决，程昱、郭嘉曰："备不肯回兵，可知其心变

刘备以"将在外，君命有所不受"为由回绝了许褚。

矣。"操曰："我有朱灵、路昭二人在彼，料玄德未必敢心变。况我既遣之，何可复悔？"遂不复追玄德。后人有诗叹玄德曰：

束兵秣(mò)马去匆匆，心念天言衣带中。撞破铁笼逃虎豹，顿开金锁走蛟龙。

却说马腾见玄德已去，边报又急，亦回西凉州去了。玄德兵至徐州，刺史车胄(zhòu)出迎。公宴毕，孙乾、糜(mí)竺等都来参见。玄德回家探视老小，一面差人探听袁术。探子回报："袁术奢侈(chǐ)太过，雷薄、陈兰皆投嵩(sōng)山去了。术势甚衰，乃作书让帝号于袁绍。绍命人召术，术乃收拾人马、宫禁御用之物，先到徐州来。"

玄德知袁术将至，乃引关、张、朱灵、路昭五万军出，正迎着先锋纪灵至。张飞更不打话，直取纪灵。斗无十合，张飞大喝一声，刺纪灵于马下，败军奔走。袁术自引军来斗。玄德分兵三路：朱灵、路昭在左，关、张在右，玄德自引兵居中，

袁术嘲笑刘备是织草席、编草鞋的小辈，表现了他对刘备的蔑视。

与术相见，在门旗下责骂曰："汝反逆不道，吾今奉明诏前来讨汝！汝当束手受降，免你罪犯。"袁术骂曰："织席编屦(jù)小辈，安敢轻我！"麾(huī)兵赶来。玄德暂退，让左右两路军杀出。杀得术军尸横遍野，血流成渠，兵卒逃亡，不可胜计。又被嵩山雷薄、陈兰劫去钱粮草料。欲回寿春，又被群盗所袭，只得住于江亭，只有一千余众，皆老弱之辈。时当盛暑，粮食尽绝，只剩麦三十斛(hú)，分派军士。家人无食，多有饿死者。术嫌饭粗，不能下咽，乃命庖(páo)人取蜜水止渴。庖人曰："只有血水，安有蜜水！"术坐于床上，大叫一声，倒于地下，吐血斗余而死。时建安四年六月也。后人有诗曰：

汉末刀兵起四方，无端袁术太猖狂。不思累世为公相，便欲孤身作帝王。强暴枉夸传国玺，骄奢妄说应天祥。渴思蜜水无由得，独卧空床呕血亡。

袁术已死，侄袁胤(yìn)将灵柩(jiù)及妻子奔庐江来，被徐璆(qiú)尽杀之。璆夺得玉玺，赴许都献于曹操。操大喜，封徐璆为高陵太守。此时玉玺归操。

却说玄德知袁术已丧，写表申奏朝廷，书呈曹操，令朱灵、路昭回许都，留下军马保守徐州。一面亲自出城，招谕流散人民复业。

且说朱灵、路昭回许都见曹操，说玄德留下军马。操怒，欲斩二人。荀彧(yù)曰："权归刘备，二人亦无奈何。"操乃赦之。彧又曰："可写书与车胄就内图之。"操从其计，暗使人来见车胄，传曹操钧旨。胄随即请陈登商议此事。登曰："此事极易。今刘备出城招民，不日将还。将军可命军士伏于瓮城①边，只作接他，待马到来，一刀斩之。某在城上射住后军，大事济矣。"胄从之。陈登回见父陈珪(guī)，备言其事，珪命登先往报知玄德。登领父命，飞马去报，正迎着关、张，报说如此如此。原来关、张先回，玄德在后。张飞听得，便要去厮杀，云长曰："他伏瓮城边待我，去必有失。我有一计，可杀车胄。乘夜扮作曹军到徐州，引车胄出迎，袭而杀之。"飞然其言。那部下军原有曹操旗号，衣甲都同，当夜三更，到城边叫门。城上问是

车胄和陈登商议除掉刘备，没想到与刘备交好的陈登将这件事告诉了关羽和张飞。故事情节发生转变。

---
① 瓮城——城门外防护城门的小城。

谁，众应是曹丞相差来张文远的人马。报知车胄，胄急请陈登议曰："若不迎接，诚有疑；若出迎之，又恐有诈。"胄乃上城回言："黑夜难以分辨，平明①了相见。"城下答应："只恐刘备知道，疾快开门！"车胄犹豫未定，城外一片声叫开门。车胄只得披挂上马，引一千军出城，跑过吊桥大叫："文远何在？"火光中只见云长提刀纵马直迎车胄，大叫曰："匹夫安敢怀诈，欲杀吾兄！"车胄大惊，战未数合，遮拦不住，拨马便回。到吊桥边，城上陈登乱箭射下，车胄绕城而走。云长赶来，手起一刀，砍于马下，割下首级提回，望城上呼曰："反贼车胄，吾已杀之。众等无罪，投降免死！"诸军倒戈（gē）投降，军民皆安。

动作、语言描写，表现了关羽的智勇双全。

云长将胄头去迎玄德，具言车胄欲害之事，今已斩首。玄德大惊曰："曹操若来，如之奈何？"云长曰："弟与张飞迎之。"玄德懊悔不已，遂入徐州。百姓父老，伏道而接。玄德到府，寻张飞，飞已将车胄全家杀尽。玄德曰："杀了曹操心腹之人，如何肯休？"陈登曰："某有一计，可退曹操。"正是：既把孤身离虎穴，还将妙计息狼烟②。不知陈登说出甚计来，且听下文分解。

（选自《三国演义》第二十一回）

乐行乐思

曹操与刘备煮酒论英雄时，刘备是怎样骗过多疑的曹操的？有人认为，刘备韬光养晦是大智慧，对此，你有什么看法？

---

① 平明——天亮。
② 狼烟——据说狼粪晒干，燃烧起来，烟直不散，后来常用狼烟代指战争。

9. 千里走单骑

却说曹操部下诸将中，自张辽而外，只有徐晃与云长交厚，其余亦皆敬服，独蔡阳不服关公，故今日闻其去，欲往追之。操曰："不忘故主，来去明白，真丈夫也。汝等皆当效之。"遂叱（chì）退蔡阳，不令去赶。程昱曰："丞相待关某甚厚，今彼不辞而去，乱言片

> 关羽身在曹营心在汉，对刘备忠心耿耿。在得知刘备的消息后，他给曹操留下书信，封金挂印，护送两位嫂嫂前去寻找刘备。蔡阳想去追关羽，却被曹操制止了。

楮（chǔ），冒渎（dú）钧威，其罪大矣。若纵之使归袁绍，是与虎添翼也。不若追而杀之，以绝后患。"操曰："吾昔已许之，岂可失信！彼各为其主，勿追也。"因谓张辽曰："云长封金挂印，财贿不以动其心，爵禄不以移其志，此等人吾深敬之。想他去此不远，我一发①结识他做个人情。汝可先去请住他，待我与他送行，更以路费征袍赠之，使为后日记念。"张辽领命，单骑先往。曹操引数十骑随后而来。

却说云长所骑赤兔马，日行千里，本是赶不上，因欲护送车仗，不敢纵马，按辔（pèi）徐行。忽听背后有人大叫："云长且慢行！"回头视之，见张辽拍马而至。关公教车仗从人，只管望大路紧行，自己勒住赤兔马，按定青龙刀，问曰："文远

---

① 一发——越发、索性。

莫非欲追我回乎？"辽曰："非也。丞相知兄远行，欲来相送，特先使我请住台驾，别无他意。"关公曰："便是丞相铁骑来，吾愿决一死战！"遂立马于桥上望之，见曹操引数十骑，飞奔前来，背后乃是许褚、徐晃、于禁、李典之辈。操见关公横刀立马于桥上，令诸将勒住马匹，左右摆开。关公见众人手中皆无军器，方始放心。操曰："云长行何太速？"关公于马上欠身答曰："关某前曾禀过丞相。今故主在河北，不由某不急去。累次造府，不得参见，故拜书告辞，封金挂印，纳还丞相。望丞相勿忘昔日之言。"操曰："吾欲取信于天下，安肯有负前言。恐将军途中乏用，特具路资相送。"一将便从马上托过黄金一盘。关公曰："累蒙恩赐，尚有余资。留此黄金以赏将士。"操曰："特以少酬大功于万一，何必推辞？"关公曰："区区微劳，何足挂齿。"操笑曰："云长天下义士，恨吾福薄，不得相留。锦袍一领，略表寸心。"令一将下马，双手捧袍过来。云长恐有他变，不敢下马，用青龙刀尖挑锦袍披于身上，勒马回头称谢曰："蒙丞相赐袍，异日更得相会。"遂下桥望北而去。许褚曰："此人无礼太甚，何不擒之？"操曰："彼一人一骑，吾数十余人，安得不疑？吾言既出，不可追也。"曹操自引众将回城，于路叹想云长不已。

> 语言描写，充分表现了关羽寻找兄长的坚定决心。

> "于路叹想云长不已"表现了曹操对关羽由衷的赏识和没能留住关羽的遗憾。

不说曹操自回，且说关公来赶车仗，约行三十里，却只不见。云长心慌，纵马四下寻之，忽见山头一人高叫："关将军且住！"关公举目视之，只见一少年，黄巾锦衣，持枪跨马，马项下悬着首级一颗，引百余步卒，飞奔前来。公问曰："汝何人也?"少年弃枪下马,拜伏于地。云长恐是诈,勒马持刀问曰:"壮士,愿通姓名。"答曰:"吾本襄阳人,姓廖(liào),名化,字元俭。因世乱流落江湖,聚众五百余人,劫掠为生。恰才同伴杜远下山巡哨,误将两夫人劫掠上山。吾问从者,知是大汉刘皇叔夫人,且闻将军护送在此,吾即欲送下山来。杜远出言不逊,被某杀之。今献头与将军请罪。"关公曰:"二夫人何在?"化曰:"现在山中。"关公教急取下山。不移时,百余人簇(cù)拥车仗前来。关公下马停刀,叉手于车前问候曰:"二嫂受惊否?"二夫人曰:"若非廖将军保全,已被杜远所辱。"关公问左右曰:"廖化怎生救夫人?"左右曰:"杜远劫上山去,就要与廖化各分一人为妻。廖化问起根由,好生拜敬,杜远不从,已被廖化杀了。"关公听言,乃拜谢廖化。廖化欲以部下人送关公。关公寻思此人终是黄巾余党,未可作伴,乃谢却之。廖化又拜送金帛,关公亦不受。廖化拜别,自引人伴投山谷中去了。

这个少年是谁?马项下悬着谁的首级?引起读者的阅读兴趣。

云长将曹操赠袍事,告知二嫂,催促车仗前行。至天晚,投一村庄安歇。庄主出迎,须发皆白,问曰:"将军姓甚名谁?"公关施礼曰:"吾乃刘玄德之弟关某也。"老人曰:"莫非斩颜良、文丑的关公否?"关公曰:"便是。"老人大喜,便请入庄。关公曰:"车上还有二位夫人。"老人便唤妻女出迎二夫人至草堂上,关公叉手立于二夫人之侧。老人请公坐,公曰:"尊嫂在上,安敢就坐!"老人乃令妻女请二夫人入内室款待,自于草堂款待关公。关公问老人姓名。老人曰:"吾姓胡,名华。桓(huán)帝时曾为议郎，致仕①归乡。今有小儿胡班，在荥(yíng)阳太守王植部下为从事。将军若从此处经过，某有一书寄与小儿。"关公允诺。

次日早膳毕，请二嫂上车，取了胡华书信，相别而行，取路投洛阳来。前至一关名东岭关，把关将姓孔，名秀，引五百军兵在岭上把守。当日关公押车仗上岭，军士报知孔秀，秀出关来迎。关公下马，与孔秀施礼。秀曰："将军何往？"公曰："某辞丞相，特往河北寻兄。"秀曰："河北袁绍，正是丞相对头。将军此去，必有丞相文凭？"公曰："因行期慌迫，不曾讨得。"秀曰："既无文凭，待我差人禀过丞相，方可放行。"关公曰："待去禀时，须误了我行程。"秀曰："法度所拘，不得不如此。"关公曰："汝不容我过关乎？"秀曰："汝要过去，留下老小为质。"关公大怒，举刀就杀孔秀。秀退入关去，鸣鼓聚军，披挂上马，杀下关来，大喝曰："汝敢过去么！"关公约退车仗，纵马提刀，竟不打话，直取孔秀。秀挺枪来迎，两马相交，只一合，钢刀起处，孔秀尸横马下，众军便走。关公曰："军士休走。吾杀孔秀，不得已也，与汝等无干。借汝众军之口，传语曹丞相，言孔秀欲害我，我故杀之。"众军俱拜于马前。

关公即请二夫人车仗出关，望洛阳进发。早有军士报知洛阳太守韩福，韩福急聚众将商议。牙将孟坦曰："既无丞相文物凭，即系私行，若不阻挡，必有罪责。"

> 只一个回合，关羽就一刀斩了孔秀，突出他的勇猛果敢。

> 关羽这么说是不想让曹操认为他是忘恩负义的人，表现他的思虑周全。

---

① 致仕——年老辞官退休。

韩福曰："关公勇猛，颜良、文丑俱为所杀。今不可力敌，只须设计擒之。"孟坦曰："某有一计：先将鹿角拦定关口，待他到时，小将引兵和他交锋，佯败诱他来追，公可用暗箭射之。若关某坠马，即擒解许都，必得重赏。"商议停当，人报关公车仗已到。韩福弯弓插箭，引一千人马，摆列关口，问："来者何人？"关公马上欠身言曰："吾汉寿亭侯关某，敢借过路。"韩福曰："有曹丞相文凭否？"关公曰："事冗不曾讨得。"韩福曰："吾奉丞相钧命，镇守此地，专一盘诘(jié)往来奸细。若无文凭，即系逃窜。"关公怒曰："东岭孔秀，已被吾杀。汝亦欲寻死耶？"韩福曰："谁人与我擒之？"孟坦出马，抡双刀来取关公。关公约退车仗，拍马来迎。孟坦战不三合，拨回马便走，关公赶来。孟坦只指望引诱关公，不想关公马快，早已赶上，只一刀，砍为两段。关公勒马回来，韩福闪在门首，尽力放了一箭，正射中关公左臂。公用口拔出箭，血流不住，飞马径奔韩福，冲散众军，韩福急走不迭(dié)，关公手起力落，带头连肩，斩于马下，杀散众军，保护车仗。

关羽负伤后还能如此厉害，真是英勇无畏的英雄啊！

关公割帛(bó)束住箭伤，于路恐人暗算，不敢久住，连夜投汜水关来。把关将乃并州人氏，姓卞(biàn)，名喜，善使流星锤，原是黄巾余党，后投曹操，拨来守关。当下闻知关公将到，寻思一计：就关前镇国寺中，埋伏下刀斧手二百余人，诱关公至寺，约击盏(zhǎn)为号，欲图相害。安排已定，出关迎接关公。公见卞喜来迎，便下马相见。喜曰："将军名震天下，谁不敬仰！今归皇叔，足见忠义！"关公诉说斩孔秀、韩福之事，卞喜曰："将军杀之是也。某见丞相，代禀衷(zhōng)曲。"关公甚喜，同上马过了汜水关，到镇国寺前下马。众僧鸣钟出迎。原来那镇国寺乃汉明帝御前香火院,本寺有僧三十余人。内有一僧,却是关公同乡人,法名普净。当下普净已知其意,向前与关公问讯,曰:"将军离蒲东几年矣?"关公曰:"将及二十年矣。"普净曰:"还认得贫僧否?"公曰:"离乡多年,不能相识。"普净曰:"贫僧家与将军家只隔一条河。"卞喜见普净叙出乡里之情,恐有走泄,乃叱之曰:"吾欲请将军赴宴,汝僧人何得多言!"关公曰:"不然。乡人相遇,安得不叙旧情耶?"普净请关公方丈待茶。关公曰:"二位夫人在车上,可先献茶。"普净教取茶先奉夫人,然后请关公入方丈。普净以手举所佩戒刀,以目视关公。公会意,命左右持刀紧随。卞喜请关公于法堂筵席。关公曰:"卞君请关某,是好意还是歹意?"卞喜未及回言,关公早望见壁衣①中有刀斧手,乃大喝卞喜曰:"吾

看到普净的暗示,"公会意"表现了关羽的机敏和警惕。

以汝为好人,安敢如此!"卞喜知事泄,大叫:"左右下手!"左右方欲动手,皆被关公拔剑砍之。卞喜下堂绕廊而走,关公弃剑执大刀来赶。卞喜暗取飞锤掷打关公。关公用刀隔开锤,赶将入去,一刀劈卞喜为两段。随即回身来看二嫂,早有军人围住,见关公来,四下奔走。关公赶散,谢普净曰:"若非吾师,已被此贼害矣。"普净曰:"贫僧此处难容,收拾衣钵,亦往他处云游也。后会有期,将军保重。"关公称谢,护送车仗往荥阳进发。

荥阳太守王植,却与韩福是两亲家,闻得关公杀了韩福,商议欲暗害关公,乃使人守住关口。待关公到时,王植出关,喜笑相迎。关公诉说寻兄之事,植曰:"将军于路驱驰,夫人

---

① 壁衣——遮蔽墙壁的大型帷幕,可用以临时隐藏人众。

车上劳困,且请入城,馆驿中暂歇一宵,来日登途未迟。"关公见王植意甚殷勤,遂请二嫂入城。馆驿中皆铺陈了当,王植请公赴宴,公辞不往,植使人送筵席至馆驿。关公因于路辛苦,请二嫂晚膳毕,就正房歇定,令从者各自安歇,饱喂马匹。关公亦解甲憩(qì)息。

> 王植表面上对关羽很殷勤,实际上却想暗害他。故事情节又起波澜。

却说王植密唤从事胡班听令曰:"关某背丞相而逃,又于路杀太守并守关将校,死罪不轻!此人武勇难敌。汝今晚点一千军围住馆驿,一人一个火把,待三更时分,一齐放火,不问是谁,尽皆烧死!吾亦自引军接应。"胡班领命,便点起军士,密将干柴引火之物搬于馆驿门首,约时举事。胡班寻思:"我久闻关云长之名,不识如何模样,试往窥(kuī)之。"乃至驿中,问驿吏曰:"关将军在何处?"答曰:"正厅上观书者是也。"胡班潜至厅前,见关公左手绰(chuò)髯,于灯下凭几看书。班见了,失声叹曰:"真天人也!"公问何人,胡班入拜曰:"荥阳太守部下从事胡班。"关公曰:"莫非许都城外胡华之子否?"班曰:"然也。"公唤从者于行李中取书付班。班看毕,叹曰:"险些误杀忠良!"遂密告曰:"王植心怀不仁,欲害将军,暗令人四面围住馆驿,约于三更放火。今某当先去开了城门,将军急收拾出城。"关公大惊,忙披挂提刀上马,请二嫂上车,尽出馆驿,果见军士各执火把听候。关公急来到城边,只见城门已开,关

> 关羽绝处逢生。

公催车仗急急出城。胡班还去放火。关公行不到数里,背后火把照耀,人马赶来。当先王植大叫:"关某休走!"关公勒马大骂:"匹夫!我与你无仇,如何令人放火烧我?"王植拍马挺

王植咎由自取。

枪,径奔关公,被关公拦腰一刀,砍为两段,人马都赶散。关公催车仗速行,于路感胡班不已。

行至滑州界首,有人报与刘延。延引数十骑,出郭而迎。关公马上欠身而言曰:"太守别来无恙!"延曰:"公今欲何往?"公曰:"辞了丞相,去寻家兄。"延曰:"玄德在袁绍处,绍乃丞相仇人,如何容公去?"公曰:"昔日曾言定来。"延曰:"今黄河渡口关隘(ài),夏侯惇(dūn)部将秦琪据守,恐不容将军过渡。"公曰:"太守应付船只,若何?"延曰:"船只虽有,不敢应付。"公曰:"我前者诛颜良、文丑,亦曾与足下解厄(è)。今日求一渡船而不与,何也?"延曰:"只恐夏侯惇知之,必然罪我。"关公知刘延无用之人,遂自催车仗前进。到黄河渡口,秦琪引军出问:"来者何人?"关公曰:"汉寿亭侯关某也。"琪曰:"今欲何往?"关公曰:"欲投河北去寻兄长刘玄德,敬来借渡。"琪曰:"丞相公文何在?"公曰:"吾不受丞相节制,有甚公文!"琪曰:"吾奉夏侯将军将令守把关隘,你便插翅也飞不过去!"关公大怒曰:"你知我于路斩戮(lù)拦截者乎?"琪曰:"你只杀得无名下将,敢杀我么?"关公怒曰:"汝比颜良、文丑若何?"秦琪大怒,纵马提刀直取关公。二马相交,只一合,关公刀起,秦琪头落。关公曰:"当吾者已死,余人不必惊走。速备船只,送我渡河。"军士急撑舟傍岸。关公请二嫂上船渡河。渡过黄河,便是袁绍地方。关公所历关隘五处,斩将六员。后人有诗叹曰:

"过五关,斩六将"充分体现了关羽的忠义和英勇。关羽的自叹表现了他的仁厚、正直。

挂印封金辞汉相，寻兄遥望远途还。马骑赤兔行千里，刀偃(yǎn)青龙出五关。忠义慨然冲宇宙，英雄从此震江山。独行斩将应无敌，今古留题翰墨间。

关公于马上自叹曰："吾非欲沿途杀人，奈事不得已也。曹公知之，必以我为负恩之人矣。"正行间，忽见一骑自北而来，大叫："云长少住！"关公勒马视之，乃孙乾也。关公曰："自汝南相别，一向消息若何？"乾曰："刘辟、龚(gōng)都自将军回兵之后，复夺了汝南，遣某往河北结好袁绍，请玄德同谋破曹之计。不想河北将士各相妒忌，田丰尚囚狱中，沮(jǔ)授黜(chù)退不用，审配、郭图各自争权，袁绍多疑主持不定。某与刘皇叔商议，先求脱身之计。今皇叔已往汝南会合刘辟去了。恐将军不知，反到袁绍处，或为所害，特遣某于路迎接将来，幸于此得见。将军可速往汝南与皇叔相会。"关公教孙乾拜见夫人，夫人问其动静，孙乾备说："袁绍二次欲斩皇叔，今幸脱身往汝南去了。夫人可与云长到此相会。"二夫人皆掩面垂泪。关公依言，不投河北去，径取汝南来。正行之间，背后尘埃起处，一彪人马赶来。当先夏侯惇大叫："关某休走！"正是：六将阻关徒受死，一军拦路复争锋。毕竟关公怎生脱身，且听下文分解。

气氛紧张，扣人心弦。

却说关公同孙乾保二嫂向汝南进发，不想夏侯惇领三百余骑，从后追来。孙乾保车仗前行，关公回身勒马按刀问曰："汝来赶我，有失丞相大度。"夏侯惇曰："丞相无明文传报，汝于路杀人，又斩吾部将，无礼太甚！我特来擒你，献与丞相发落！"言讫，便拍马挺枪欲斗。只见后面一骑飞来，大叫："不可与云长交战！"关公按辔不动。来使于怀中取出公文，谓

夏侯惇要捉拿关羽。正在双方剑拔弩张之时,曹操的使者给关羽送来了放行公文。

夏侯惇曰:"丞相敬爱关将军忠义,恐于路关隘拦截,故遣某特赍(jī)公文,遍行诸处。"惇曰:"关某于路杀把关将士,丞相知否?"来使曰:"此却未知。"惇曰:"我只活捉他去见丞相,待丞相自放他。"关公怒曰:"吾岂惧汝耶!"拍马持刀,直取夏侯惇,惇挺枪来迎。两马相交,战不十合,忽又一骑飞至,大叫:"二将军少歇!"惇停枪问来使曰:"丞相叫擒关某乎?"使者曰:"非也。丞相恐守关诸将阻挡关将军,故又差某驰公文来放行。"惇曰:"丞相知其于路杀人否?"使者曰:"未知。"惇曰:"既未知其杀人,不可放去。"指挥手下军士,将关公围住。关公大怒,舞刀迎战。两个正欲交锋,阵后一人飞马而来,大叫:"云长、元让,休得争战!"众视之,乃张辽也。二人各勒

又有使者来送公文。夏侯惇以丞相不知道关羽杀人之事为由,不肯罢战。关键时刻,张辽赶到,传达曹操口谕,放走了关羽。

住马。张辽近前言曰:"奉丞相钧旨:因闻知云长斩关杀将,恐于路有阻,特差我传谕各处关隘(ài),任便放行。"惇曰:"秦琪是蔡阳之甥。他将秦琪托付我处,今被关某所杀,怎肯干休?"江曰:"我见蔡将军,自有分解。既丞相大度,教放云长去,公等不可废丞相之意。"夏侯惇只得将军马约退。辽曰:"云长今欲何往?"关公曰:"闻兄长又不在袁绍处,吾今将遍天下寻之。"辽曰:"既未知玄德下落,且再回见丞相若何?"关公笑曰:"安有是理!文远回见丞相,幸为我谢罪。"说毕,与张辽拱手而别。于是张辽与夏侯惇领军自回。

关公赶上车仗,与孙乾说知此事,二人并马而行。行了数日,忽值大雨滂沱,行装尽湿。遥望山冈边有一所庄院,关公引着车仗,到彼借宿。庄内一老人出迎,关公具言来意。老人曰:"某姓郭,名常,世居于此。久闻大名,幸得瞻拜。"遂宰羊置酒相待,请二夫人于后堂暂歇。郭常陪关公、孙乾于草堂饮酒。一边烘焙(bèi)行李,一边喂养马匹。至黄昏时候,忽见一少年引数人入庄,径上草堂。郭常唤曰:"吾儿来拜将军。"因谓关公曰:"此愚男也。"关公问何来,常曰:"射猎方回。"少年见过关公,即下堂去了。常流泪言曰:"老夫耕读传家,只生此子,不务本业,惟以游猎为事,是家门不幸也!"关公曰:"方今乱世,若武艺精熟,亦可以取功名,何云不幸?"常曰:"他若肯习武艺,便是有志之人。今专务游荡,无所不为,老夫所以忧耳!"关公亦为叹息。至更深,郭常辞出。关公与孙乾方欲就寝,忽闻后院马嘶人叫。关公急唤从人,却都不应,乃与孙乾提剑往视之。只见郭常之子倒在地上叫唤,从人正与庄客厮打。公问其故,从人曰:"此人来盗赤兔马,被马踢倒。我等闻叫唤之声,起来巡看,庄客们反来厮闹。"公怒曰:"鼠贼焉(yān)敢盗吾马!"恰待发作,郭常奔至告曰:"不肖子为此歹事,罪合万死!奈老妻最怜爱此子,乞将军仁慈宽恕(shù)!"关公曰:"此子果然不肖,适才老翁所言,真'知子莫若父'也。我看翁面,且姑恕之。"遂吩咐从人看好了马,喝散庄客,与孙乾回草堂歇息。

> 郭常痛诉其子不务正业、游手好闲,为下文做铺垫。

> 郭常之子想偷关羽的赤兔马,被马踢倒在地。郭常赶来求情,关羽放过了他的儿子,为情节发展埋下伏笔。

次日，郭常夫妇出拜于堂前，谢曰："犬子冒渎虎威，深感将军恩恕。"关公令："唤出，我以正言教之。"常曰："他于四更时分，又引数个无赖之徒，不知何处去了。"

关公谢别郭常，请二嫂上车，出了庄院，与孙乾并马护着车仗，取山路而行。不及三十里，只见山背后拥出百余人，为首两骑马，前面那人，头裹黄巾，身穿战袍，后面乃郭常之子也。黄巾者曰："我乃天公将军张角部将也！来者快留下赤兔马，放你过去！"关公大笑曰："无知狂贼！汝既从张角为盗，亦知刘、关、张兄弟三人名字否？"黄巾者曰："我只闻赤面长髯者名关云长，却未识其面。汝何人也？"公乃停刀立马，解开须囊（náng），出长髯令视之。其人滚鞍下马，脑揪①郭常之子拜献于马前。关公问其姓名。告曰："某姓裴，名元绍。自张角死后，一向无主，啸聚山林，权于此处藏伏。今早这厮来报：'有一客人，骑一匹千里马，在我家投宿。'特邀某来劫夺此马。不想却遇将军。"郭常之子拜伏乞命。关公曰："吾看汝父之面，饶你性命！"郭子抱头鼠窜而去。

> 动作描写，表现了裴元绍对关羽的仰慕敬重之情。

公谓元绍曰："汝不识吾面，何以知吾名？"元绍曰："离此二十里有一卧牛山。山上有一关西人，姓周，名仓，两臂有千斤之力，板肋虬（qiú）髯②，形容甚伟，原在黄巾张宝部下为将，张宝死，啸聚山林。他多曾与某说将军盛名，恨无门路相见。"关公曰："绿林中非豪杰托足之处。公等今后可各去邪归正，勿自陷其身。"元绍拜谢。正说话间，遥望一彪人马来到。元绍曰："此必周仓也。"关公乃立马待之。果见

---

① 脑揪——抓住脑后的头发。
② 虬髯——蜷曲的胡须。

一人，黑面长身，持枪乘马，引众而至。见了关公，惊喜曰："此关将军也！"急忙下马，俯伏道傍曰："周仓参拜。"关公曰："壮士何处曾识关某来？"仓曰："旧随黄巾张宝时，曾识尊颜，恨失身贼党，不得相随。今日幸得拜见，愿将军不弃，收为步卒，早晚执鞭随镫，死亦甘心！"公见其意甚诚，乃谓曰："汝若随我，汝手下人伴若何？"仓曰："愿从则俱从，不愿从者，听之可也。"于是众人皆曰："愿从。"关公乃下马至车前禀问二嫂。甘夫人曰："叔叔自离许都，于路独行至此，历过多少艰难，未尝要军马相随。前廖化欲相投，叔既却之，今何独容周仓之众耶？我辈女流浅见，叔自斟酌。"公曰："嫂嫂之言是也。"遂谓周仓曰："非关某寡(guǎ)情，奈二夫人不从。汝等且回山中，待我寻见兄长，必来相招。"周仓顿首告曰："仓乃一粗莽之夫，失身为盗，今遇将军，如重见天日，岂忍复错过！若以众人相随为不便，可令其尽跟裴元绍去。仓只身步行，跟随将军，虽万里不辞也！"关公再以此言告二嫂。甘夫人曰："一二人相从，无妨于事。"公乃令周仓拨人伴随裴元绍去。元绍曰："我亦愿随关将军。"周仓曰："汝若去时，人伴皆散，且当权持统领。我随关将军去，但有驻扎处，便来取你。"元绍怏(yàng)怏而别。

周仓跟着关公，往汝南进发。行了数日，遥见一座山城。公问土人："此何处也？"土人曰："此名古城。数月前有一将军，姓张，名飞，引数十骑到此，将县官逐去，占住古城，招军买马，积草屯粮。今聚有三五千人马，四远无人敢敌。"

关公喜曰:"吾弟自徐州失散,一向不知下落,谁想却在此!"乃令孙乾先入城通报,教来迎接二嫂。

却说张飞在芒砀(dàng)山中住了月余,因出外探听玄德消息,偶过古城,入县借粮。县官不肯,飞怒,因就逐去县官,夺了县印,占住城池,权且安身。当日孙乾领关公命入城见飞,施礼毕,具言:"玄德离了袁绍处,投汝南去了。今云长直从许都送二位夫人至此,请将军出迎。"张飞听罢,更不回言,随即披挂持矛上马,引一千余人,径出北门。孙乾惊讶,又不敢问,只得随出城来。关公望见张飞到来,喜不自胜,付刀与周仓接了,拍马来迎。只见张飞圆睁环眼,倒竖虎须,吼声如雷,挥矛向关公便搠。关公大惊,连忙闪过,便叫:"贤弟何故如此?岂忘了桃园结义耶?"飞喝曰:"你既无义,有何面目来与我相见!"关公曰:"我如何无义?"飞曰:"你背了兄长,降了曹操,封侯赐爵。今又来赚我!我今与你拼个死活!"关公曰:"你原来不知!我也难说。现放着二位嫂嫂在此,贤弟请自问。"二夫人听得,揭帘而呼曰:"三叔何故如此?"飞曰:"嫂嫂住着。且看我杀了负义的人,然后请嫂嫂入城。"甘夫人曰:"二叔因不知你等下落,故暂时栖身曹氏。今知你哥哥在汝南,特不避险阻,送我们到此。三叔休错见了。"糜夫人曰:"二叔向在许都,原出于无奈。"飞曰:"嫂嫂休要被他瞒过了!忠臣宁死而不辱。大丈夫岂有事二主之理!"关公曰:"贤弟休屈了

> 张飞认定关羽背叛兄长,投降曹操,"挥矛向关公便搠",表现了他的鲁莽、冲动,也表明了他的疾恶如仇。

> 二位夫人的解释也不能消除张飞对关羽的误会,故事情节更加紧张,增强了故事的节奏感。

我。"孙乾曰:"云长特来寻将军。"飞喝曰:"如何你也胡说!他那里有好心,必是来捉我!"关公曰:"我若捉你,须带军马来。"飞把手指曰:"兀的①不是军马来也!"

关公回顾,果见尘埃起处,一彪人马来到。风吹旗号,正是曹军。张飞大怒曰:"今还敢支吾么?"挺丈八蛇矛便搠将来。关公急止之曰:"贤弟且住。你看我斩此来将,以表我真心。"飞曰:"你果有真心,我这里三通鼓罢,便要你斩来将!"关公应诺。须臾,曹军至,为首一将,乃是蔡阳,挺刀纵马大喝曰:"你杀吾外甥秦琪,却原来逃在此!吾奉丞相命,特来拿你!"关公更不打话,举刀便砍。张飞亲自擂鼓。只见一通鼓未尽,关公刀起处,蔡阳头已落地,众军士俱走。关公活捉执认旗②的小卒过来,问取来由。小卒告说:"蔡阳闻将军杀了他外甥,十分忿(fèn)怒,要来河北与将军交战。丞相不肯,因差他往汝南攻刘辟,不想在这里遇着将军。"关公闻言,教去张飞前告说其事。飞将关公在许都时事细问小卒,小卒从头至尾,说了一遍,飞方才信。

正说间,忽城中军士来报:"城南门外有十数骑来的甚紧,不知是甚人。"张飞心中疑虑,便转出南门看时,果见十数骑轻弓短箭而来。见了张飞,滚鞍下马,视之乃糜竺、糜芳也。飞亦下马相见。竺曰:"自徐州失散,我兄弟二人逃难回乡。使人远近打听,知云长降了曹操,主公在于河北,又闻简雍亦投河北去了,只不知将军在此。昨于路上遇见一伙客人,说有一姓张的将军,如此模样,今据古城。我兄弟度量必是将军,故来寻访。幸得相见!"飞曰:"云长兄与孙乾送二嫂方到,已知哥哥下落。"二糜大喜,同来见关公,并参

---

① 兀的——"这"的意思,指点时所用词语。
② 认旗——就是认军旗,旗上有将领的官号或姓氏。

见二夫人。飞遂迎请二嫂入城。至衙中坐定，二夫人诉说关公历过之事，张飞方才大哭，参拜云长。二糜亦俱伤感。张飞亦自诉别后之事，一面设宴贺喜。

（节选自《三国演义》第二十七、二十八回）

张飞"方才大哭，参拜云长"，表现了张飞爱憎分明、爽直磊落的性格特点，也体现了二人深厚的兄弟情义。

乐行乐思

本章回着力塑造了关羽过五关、斩六将，千里走单骑的英雄形象，请结合具体内容说一说，关羽给你留下了怎样的印象？

10. 火烧赤壁

却说周瑜立于山顶观望良久，忽然望后而倒，口吐鲜血，不省人事。左右救回帐中，诸将皆来动问，尽皆愕（è）然相顾曰："江北百万之众，虎踞鲸吞。不争①都督如此，倘曹兵一至，如之奈何？"慌忙差人申报吴侯，一面求医调治。

> 曹操带领八十万大军来攻打东吴。庞统巧设连环计，建议曹操把战船锁在一起。周瑜定计火攻曹操，做好了一切准备。他登上江边山顶眺望江北曹营，突然吐血昏倒。开头设置悬念，引出下文。

却说鲁肃见周瑜卧病，心中忧闷，来见孔明，言周瑜卒病之事。孔明曰："公以为何如？"肃曰："此乃曹操之福，江东之祸也。"孔明笑曰："公瑾之病，亮亦能医。"肃曰："诚如此，则国家万幸！"即请孔明同去看病。肃先入见周瑜，瑜以被蒙头而卧。肃曰："都督病势若何？"周瑜曰："心腹搅痛，时复昏迷。"肃曰："曾服何药饵？"瑜曰："心中呕逆，药不能下。"肃曰："适来去望孔明，言能医都督之病。现在帐外，烦来医治，何如？"瑜命请入，教左右扶起，坐于床上。孔明曰："连日不晤（wù）君颜，何期贵体不安！"瑜曰："'人有旦夕祸福'，岂能自保？"孔明笑

---

① 不争——若果、当真。

> 诸葛亮洞悉周瑜的心思，一句"天有不测风云"直指周瑜的"病根"。

曰："'天有不测风云'，人又岂能料乎？"瑜闻失色，乃作呻吟之声。孔明曰："都督心中似觉烦积否？"瑜曰："然。"孔明曰："必须用凉药以解之。"瑜曰："已服凉药，全然无效。"孔明曰："须先理其气，气若顺，则呼吸之间，自然痊（quán）可。"瑜料孔明必知其意，乃以言挑之曰："欲得顺气，当服何药？"孔明笑曰："亮有一方，便教都督气顺。"瑜曰："愿先生赐教。"孔明索纸笔，屏退左右，密书十六字曰：

欲破曹公，宜用火攻；万事俱备，只欠东风。

> "孔明真神人也！"从侧面衬托出诸葛亮的神机妙算和过人智慧。

写毕，递与周瑜曰："此都督病源也。"瑜见了大惊，暗思："孔明真神人也！早已知我心事！只索以实情告之。"乃笑曰："先生已知我病源，将用何药治之？事在危急，望即赐教。"孔明曰："亮虽不才，曾遇异人，传授奇门遁甲天书，可以呼风唤雨。都督若要东南风时，可于南屏山建一台，名曰'七星坛'，高九尺，作三层。用一百二十人，手执旗幡（fān）围绕，亮于台上作法。借三日三夜东南大风，助都督用兵，何如？"瑜曰："休道三日三夜，只一夜大风，大事可成矣。只是事在目前，不可迟缓。"孔明曰："十一月二十日甲子祭风，至二十二日丙寅（yín）风息，如何？"瑜闻言大喜，蹶（jué）然而起。便传令差五百精壮军士往南屏山筑坛，拨一百二十人，执旗守坛，听候使令。

孔明辞别出帐，与鲁肃上马，来南屏山相度地势，令军士取东南方赤土筑坛。方圆二十四丈，每一层高三尺，共是九尺。下一层插二十八宿旗：东方七面青旗，按角、亢、氐、房、心、尾、箕(jī)，布苍龙之形；北方七面皂旗，按斗、牛、女、虚、危、室、壁，作玄武之势；西方七面白旗，按奎、娄、胃、昴、毕、觜(zī)、参，踞白虎之威；南方七面红旗，按井、鬼、柳、星、张、翼、轸，成朱雀之状。第二层周围黄旗六十四面，按六十四卦，分八位而立。上一层用四人，各人戴束发冠，穿皂罗袍，凤衣博带，朱履方裾(jū)。前左立一人，手执长竿，竿尖上用鸡羽为葆(bǎo)①，以招风信②；前右立一人，手执长竿，竿上系七星号带，以表风色③；后左立一人，捧宝剑；后右立一人，捧香炉。坛下二十四人，各持旌(jīng)旗、宝盖、大戟、长戈、黄钺(yuè)、白旄(máo)、朱幡(fān)、皂纛(dào)，环绕四面。

这里为什么要具体描写诸葛亮对七星坛祭风的精心布置和安排？

孔明于十一月二十日甲子吉辰，沐浴斋戒，身披道衣，跣(xiǎn)足散发，来到坛前。吩咐鲁肃曰："子敬自往军中相助公瑾调兵。倘亮所祈(qí)无应，不可有怪。"鲁肃别去。孔明嘱咐守坛将士："不许擅离方位。不许交头接耳。不许失口乱言。不许失惊打怪。如违令者斩！"众皆领命。孔明缓步登坛，观瞻(zhān)方位已定，焚香于炉，注水于盂，仰天暗祝。下坛入帐中少歇，令军士更替吃饭。孔明一日上坛三次，下坛三次，却并不见有东南风。

诸葛亮如此虔诚作法，却不见有东南风，推动情节的发展。

---

① 葆——羽葆，用鸟羽扎成一丛。
② 风信——指风的动定起止。
③ 风色——指风的吹向强弱。

且说周瑜请程普、鲁肃一班军官,在帐中伺候,只等东南风起,便调兵出,一面关报孙权接应。黄盖已自准备火船二十只,船头密布大钉,船内装载芦苇干柴,灌以鱼油,上铺硫(liú)黄、焰硝(xiāo)引火之物,各用青布油单遮盖,船头上插青龙牙旗,船尾各系走舸(gě)①:在帐下听候,只等周瑜号令。甘宁、阚(kàn)泽窝盘蔡和、蔡中在水寨中,每日饮酒,不放一卒登岸,周围尽是东吴军马,把得水泄不通:只等帐上号令下来。周瑜正在帐中坐议,探子来报:"吴侯船只离寨八十五里停泊,只等都督好音。"瑜即差鲁肃遍告各部下官兵将士:"俱各收拾船只、军器、帆橹等物。号令一出,时刻休违。倘有违误,即按军法。"众兵将得令,一个个摩拳擦掌,准备厮杀。是日,看看近夜,天色清明,微风不动。瑜谓鲁肃曰:"孔明之言谬(miù)矣。隆冬之时,怎得东南风乎?"肃曰:"吾料孔明必不谬谈。"将近三更时分,忽听风声响,旗旛(fān)转动。瑜出帐看时,旗脚竟飘西北,霎时间东南风大起。

诸葛亮"借"来东风,周瑜非但没有感激之情,反而要杀了他。由此可见周瑜的嫉贤妒能、心胸狭窄。

瑜骇(hài)然曰:"此人有夺天地造化之法、鬼神不测之术!若留此人,乃东吴祸根也。及早杀却,免生他日之忧。"急唤帐前护军校尉丁奉、徐盛二将:"各带一百人。徐盛从江内去,丁奉从旱路去,都到南屏山七星坛前,休问长短,拿住诸葛亮便行斩首,将首级来请功。"二将领命。徐盛下船,一百刀斧手荡开棹(zhào)桨,丁奉上马,一百弓弩手各跨征驹,往南屏山来。于路正迎着东南风起。后人有诗曰:

———

① 走舸——指平时供联络、应急时救人用的轻便小船。

七星坛上卧龙登，一夜东风江水腾。不是孔明施妙计，周郎安得逞才能？

丁奉马军先到，见坛上执旗将士，当风而立。丁奉下马提剑上坛，不见孔明，慌问守坛将士。答曰："恰才下坛去了。"丁奉忙下坛寻时，徐盛船已到，二人聚于江边。小卒报曰："昨晚一只快船停在前面滩口。适间却见孔明披发下船，那船望上水去了。"丁奉、徐盛便分水陆两路追袭。徐盛教拽起满帆，抢风而使。遥望前船不远，徐盛在船头上高声大叫："军师休去！都督有请！"只见孔明立于船尾大笑曰："上覆都督：好好用兵，亮暂回夏口，异日再容相见。"徐盛曰："请暂少住，有紧话说。"孔明曰："吾已料定都督不能容我，必来加害，预先教赵子龙来相接。将军不必追赶。"徐盛见前船无篷，只顾赶去。看看至近，赵云拈(niān)弓搭箭，立于船尾大叫曰："吾乃常山赵子龙也！奉令特来接军师。你如何来追赶？本待一箭射死你来，显得两家失了和气。教你知我手段！"言讫，箭到处，射断徐盛船上篷索。那篷堕落下水，其船便横。赵云却教自己船上拽起满帆，乘顺风而去。其船如飞，追之不及。岸上丁奉唤徐盛船近岸，言曰："诸葛亮神机妙算，人不可及。更兼赵云有万夫不当之勇，汝知他当阳长坂(bǎn)时否？吾等只索回报便了。"于是二人回见周瑜，言孔明预先约赵云迎接去了。周瑜大惊曰："此人如此多谋，使我晓夜不安矣！"鲁肃曰："且待破曹之后，却再图之。"

瑜从其言，唤集诸将听令。先教甘宁："带了蔡中并降卒沿南岸而走，只打北军旗号，直取乌林地面，正当曹操屯粮之所，深入军中，举火为号。只留下蔡和一人在帐下，我有用处。"第二唤太史慈吩咐："你可领三千兵，直奔黄州地界，断曹操合淝接应之兵，就逼曹兵，放火为号。只看红旗，便是吴侯接应兵到。"这两队兵最远，先发。第三唤吕蒙领三千兵去乌林接应甘宁，焚烧曹操寨栅。第四唤凌统领三千兵，直截彝(yí)陵界首，只看乌林火起，以兵应之。第五唤董袭领三千兵，直取汉阳，从汉川杀奔曹操寨中，看白旗接应。第六唤潘璋领三千兵，尽打白旗，往汉阳接应董袭。六队船只各自分路去了。却令黄盖安排火船，使小卒驰书约曹操，今夜来降。一面拨战船四只，随于黄盖船后接应。第一队领兵军官韩当，第二队领兵军官周泰，第三队领兵军官蒋钦，第四队领兵军官陈武：四队各引战船三百只，前面各摆列火船二十只。周瑜自与程普在大艨艟(méng chōng)上督战，徐盛、丁奉为左右护卫，只留鲁肃共阚(hǎn)泽及众谋士守寨。程普见周瑜调军有法，甚相敬服。

> 周瑜排兵布阵井然有序，指挥有方、调军有法，令程普由衷敬服。

却说孙权差使命持兵符至，说已差陆逊为先锋，直抵蕲(qí)、黄地面进兵，吴侯自为后应。瑜又差人西山放火炮，南屏山举号旗。各各准备停当，只等黄昏举动。

话分两头。且说刘玄德在夏口专候孔明回来，忽见一队船到，乃是公子刘琦自来探听消息。玄德请上敌楼坐定，说："东南风起多时，子龙去接孔明，至今不见到，吾心甚忧。"小校遥指樊(fán)口港上："一帆风送扁舟来到，必军师也。"玄德与刘琦下楼迎接。须臾船到，孔明、子龙登岸，玄德大喜。问候毕，孔明曰："且无暇告诉别事。前者所约军马战船，皆已办否？"玄德曰："收拾久矣，只候军师调用。"孔明便与玄德、刘琦升帐坐定，谓赵云曰："子龙可带三千军马，渡江径取乌林小路，拣树木芦苇密处埋伏。今夜四更以后，曹操必然从那条路奔走。等他军马过，就半中间放起火来。虽然不杀他尽绝，也杀一半。"云曰："乌林有两条路，一条通南郡(jùn)，一条取荆州。不知向那条路来？"孔明曰："南郡势迫，曹操不敢往，必来荆州，然后大军投许昌而去。"云领计去了。又唤张飞曰："翼德可领三千兵渡江，截断彝陵这条路，去葫芦谷口埋伏。曹操不敢走南彝陵，必望北彝陵去。来日雨过，必然来埋锅造饭。只看烟起，便就山边放起火来。虽然不捉得曹操，翼德这场功料也不小。"飞领计去了。又唤糜竺、糜芳、刘封三人各驾船只，绕江剿(jiǎo)擒败军，夺取器械。三人领计去了。孔明起身，谓公子刘琦曰："武昌一望之地，最为紧要。公子便请回，率领所部之兵，陈于岸口。操一败必有逃来者，就而擒之，却不可轻离城郭。"刘琦便辞玄德、孔明去了。孔明谓玄德曰："主公可于樊口屯兵，凭高而望，坐看今夜周郎成大功也。"

> 诸葛亮已料到曹操的撤退路线，调兵遣将，运筹帷幄，表现了他过人的谋略和杰出的才干。

时云长在侧，孔明全然不睬。云长忍耐不住，乃高声曰："关某自随兄长征战，许多年来，未尝落后。今日逢大敌，军师却不委用，此是何意？"孔明笑曰："云长勿怪！某本欲烦足下把一个最紧要的隘口，怎奈有些违碍，不敢教去。"云长曰："有何违碍？愿即见谕。"孔明曰："昔日曹操待足下甚厚，足下当有以报之。今日操兵败，必走华容道，若令足下去时，必然放他过去。因此不敢教去。"云长曰："军师好心多！当日曹操果是重待某，某已斩颜良，诛文丑，解白马之围，报过他了。今日撞见，岂肯放过！"孔明曰："倘若放了时，却如何？"云长曰："愿依军法！"孔明曰："如此，立下文书。"云长便

与了军令状。云长曰:"若曹操不从那条路上来,如何?"孔明曰:"我亦与你军令状。"云长大喜。孔明曰:"云长可于华容小路高山之处,堆积柴草,放起一把火烟,引曹操来。"云长曰:"曹操望见烟,知有埋伏,如何肯来?"孔明笑曰:"岂不闻兵法'虚虚实实'之论?操虽能用兵,只此可以瞒过他也。他见烟起,将谓虚张声势,必然投这条路来。将军休得容情。"云长领了将令,引关平、周仓并五百校刀手,投华容道埋伏去了。玄德曰:"吾弟义气深重,若曹操果然投华容道去时,只恐端的放了。"孔明曰:"亮夜观乾象,操贼未合身亡。留这人情,教云长做了,亦是美事。"玄德曰:"先生神算,世所罕及!"孔明遂与玄德往樊口,看周瑜用兵,留孙乾、简雍(yōng)守城。

> 诸葛亮夜观天象,算出曹操命不该绝,增加了故事的传奇性。

却说曹操在大寨中,与众将商议,只等黄盖消息。当日东南风起甚紧,程昱入告曹操曰:"今日东南风起,宜预提防。"操笑曰:"冬至一阳生,来复之时①,安得无东南风?何足为怪!"军士忽报江东一只小船来到,说有黄盖密书。操急唤入,其人呈上书。书中诉说:"周瑜关防得紧,因此无计脱身。今有鄱(pó)阳湖新运到粮,周瑜差盖巡哨,已有方便。好歹杀江东名将,献首来降。只在今晚二更,船上插青龙牙旗者,即粮船也。"操大喜,遂与众将来水寨中大船上,观望黄盖船到。

且说江东,天色向晚,周瑜唤出蔡和,令军士缚倒。和

---

① 冬至一阳生,来复之时——以夏至为阳的极点,阳到了极点即开始向阴转化;以冬至为阴的极点,阴到了极点又开始向阳转化,所以说"夏至一阴生""冬至一阳生",阴极又向阳的一方循环转化,叫作"来复"。

10. 火烧赤壁

叫：" 无罪！" 瑜曰：" 汝是何等人，敢来诈降！吾今缺少福物①祭旗，愿借你首级。" 和抵赖不过，大叫曰：" 汝家阚泽、甘宁亦曾与谋！" 瑜曰：" 此乃吾之所使也。" 蔡和悔之无及。瑜令捉至江边皂纛旗下，奠酒烧纸，一刀斩了蔡和，用血祭旗毕，便令开船。黄盖在第三只火船上，独披掩心，手提利刃，旗上大书" 先锋黄盖"。盖乘一天顺风，望赤壁进发。是时东风大作，波浪汹涌。操在中军遥望隔江，看看月上，照耀江水，如万道金蛇，翻波戏浪。操迎风大笑，自以为得志。忽一军指说：" 江南隐隐一簇帆幔，使风而来。" 操凭高望之。报称：" 皆插青龙牙旗。内中有大旗，上书先锋黄盖名字。" 操笑曰：" 公覆来降，此天助我也！" 来船渐近。程昱观望良久，谓操曰：" 来船必诈，且休教近寨。" 操曰：" 何以知之？" 程昱曰：" 粮在船中，船必稳重，今观来船，轻而且浮。更兼今夜东南风甚紧，倘有诈谋，何以当之？" 操省悟，便问：" 谁去止之？" 文聘(pìn)曰：" 某在水上颇熟，愿请一往。" 言毕，跳下小船，用手一指，十数只巡船，随文聘船出。聘立于船头，大叫：" 丞相钧旨：南船且休近寨，就江心抛住。" 众军齐喝：" 快下了篷！" 言未绝，弓弦响处，文聘被箭射中左臂，倒在船中。船上大乱，各自奔回。南船距操寨只隔二里水面。黄盖用刀一招，前船一齐发火。火趁风威，风助火势，船如箭发，烟焰涨天。二十只火船，撞

> 写月光照耀下的江面景色，衬托出曹操自以为得志，对即将来临的战争充满自信。

> 用急促有力的短句，将火攻曹军水寨的场面描写得活灵活现，令人叹为观止。

---

① 福物——祭品。祭后散与众人分食，叫作" 散福"，故称祭品为福物。

　　入水寨，曹寨中船只一时尽着，又被铁环锁住，无处逃避。隔江炮响，四下火船齐到，但见三江面上，火逐风飞，一派通红，漫天彻地。

　　曹操回观岸上营寨，几处烟火。黄盖跳在小船上，背后数人驾舟，冒烟突火，来寻曹操。操见势急，方欲跳上岸，忽张辽驾一小脚船，扶操下得船时，那只大船已自着了。张辽与十数人保护曹操，飞奔岸口。黄盖望见穿绛红袍者下船，料是曹操，乃催船速进，手提利刃，高声大叫："曹贼休走！黄盖在此！"操叫苦连声。张辽拈弓搭箭，觑（qū）着黄盖较近，一箭射去。此时风声正大，黄盖在火光中，那里听得弓弦响？正中肩窝，翻身落水。正是：火厄（è）盛时遭水厄，棒疮愈后患金疮。未知黄盖性命如何，且看下文分解。

　　却说当夜张辽一箭射黄盖下水，救得曹操登岸，寻着马匹走时，军已大乱。韩当冒烟突火来攻水寨，忽听得士卒报道："后梢舵上一人，高叫将军表字。"韩当细听，但闻高叫："义公救我！"当曰："此黄公覆也！"急教救起。见黄盖负箭着伤，咬出箭杆，箭头陷在肉内。韩当急为脱去湿衣，用刀剜（wān）出箭头，扯旗束之，脱自己战袍与黄盖穿了，先令别船送回大寨医治。原来黄盖深知水性，故大寒之时，和甲堕江，也逃得性命。

场面描写，突出战况的紧张激烈、惊心动魄。

　　却说当日满江火滚，喊声震地。左边是韩当、蒋钦两军从赤壁西边杀来；右边是周泰、陈武两军从赤壁东边杀来；正中是周瑜、程普、徐盛、丁奉大队船只都到。火须兵应，兵仗火威。此正是：三江水战，赤壁鏖（áo）兵。曹军着枪中箭、火焚水溺者，不计其数。后人有诗曰：

魏吴争斗决雌雄，赤壁楼船一扫空。烈火初张照云海，周郎曾此破曹公。

又有一绝云：

山高月小水茫茫，追叹前朝割据忙。南士无心迎魏武，东风有意便周郎。

不说江中鏖(áo)兵。且说甘宁令蔡中引入曹寨深处，宁将蔡中一刀砍于马下，就草上放起火来。吕蒙遥望中军火起，也放十数处火，接应甘宁。潘璋、董袭分头放火呐喊，四下里鼓声大震。曹操与张辽引百余骑，在火林内走，看前面无一处不着。正走之间，毛玠救得文聘，引十数骑到。操令军寻路，张辽指道："只有乌林地面，空阔可走。"操径奔乌林。正走间，背后一军赶到，大叫："曹贼休走！"火光中现出吕蒙旗号。操催军马向前，留张辽断后，抵敌吕蒙。却见前面火把又起，从山谷中拥出一军，大叫："凌统在此！"曹操肝胆皆裂。忽刺斜里一彪军到，大叫："丞相休慌！徐晃在此！"彼此混战一场，夺路望北而走。忽见一队军马，屯在山坡前。徐晃出问，乃是袁绍手下降将马延、张顗(jǐ)，有三千北地军马，列寨在彼，当夜见满天火起，未敢转动，恰好接着曹操。操教二将引一千军马开路，其余留着护身。操得这支生力军马，心中稍安。马延、张顗二将飞骑前行，不到十里，喊声起处，一彪军出。为首一将，大呼曰："吾乃东吴甘兴霸也！"马延正欲交锋，早被甘宁一刀斩于马下；张顗挺枪来迎，宁大喝一声，顗措手不及，被宁手起一刀，翻身落马。后军飞报曹操。操此时指望合淝有兵救应，不想孙权在合淝路口，望见江中火光，知是我军

曹操收拾残兵败将，望彝陵而逃。情节由急入缓。

得胜，便教陆逊举火为号，太史慈见了，与陆逊合兵一处，冲杀将来。操只得望彝陵而走。路上撞见张郃(hé)，操令断后。

纵马加鞭，走至五更，回望火光渐远，操心方定，问曰："此是何处？"左右曰："此是乌林之西，宜都之北。"操见树木丛杂，山川险峻，乃于马上仰面大笑不止。诸将问曰："丞相何故大笑？"操曰："吾不笑别人，单笑周瑜无谋，诸葛亮少智。若是吾用兵之时，预先在这里伏下一军，如之奈何？"说犹未了，两边鼓声震响，火光竟天而起，惊得曹操几乎坠马。刺斜里一彪军杀出，大叫："我赵子龙奉军师将令，在此等候多时了！"操教徐晃、张郃双敌赵云，自己冒烟突火而去。子龙不来追赶，只顾抢夺旗帜。曹操得脱。

天色微明，黑云罩地，东南风尚不息。忽然大雨倾盆，湿透衣甲。操与军士冒雨而行，诸军皆有饥色。操令军士往村落中劫掠粮食，寻觅火种。方欲造饭，后面一军赶到，操心甚慌，原来却是李典、许褚保护着众谋士来到。操大喜，令军马且行，问："前面是那里地面？"人报："一边是南彝陵大路，一边是北彝陵山路。"操问："那里投南郡江陵去近？"军士禀曰："取北彝陵过葫芦口去最便。"操教走北彝陵。行至葫芦口，军皆饥馁，行走不上，马亦困乏，多有倒于路者，操教前面暂歇。马上有带得锣锅的，也有村中掠得粮米的，便就山边拣干处埋锅造饭，割马肉烧吃。尽皆脱去湿衣，于风头吹晒，马皆摘鞍野放，咽咬草根。操坐于疏林之下，仰面大笑。众官问曰："适来丞相笑周瑜、诸葛亮，引惹出赵子龙来，又折了许多人马。如今为何又笑？"操曰："吾笑诸葛亮、周瑜毕竟智谋不足。若是我用兵时，就这个去处，也埋伏一彪军马，以逸待劳，我等纵然脱得性命，也不免重伤矣。彼见不到此，我是以笑之。"正说间，前军后军一齐发喊。操大惊，弃甲上马，众军多有不及收马者。早见四下火烟布合，山口一军摆开，为首乃燕人张翼德，横矛立马，大叫："操贼走那里去！"诸军众将见了张飞，尽皆胆寒。许褚骑无鞍马来战张飞，张辽、徐晃二将，纵马也来夹攻。两边军马混战做一团。操先拨马走脱，诸将各自脱身。张飞从后赶来。操迤逦奔逃，追兵渐远，回顾众将多已带伤。

> "尽皆胆寒"写出曹军军心涣散、斗志全无的表现。

正行间，军士禀曰："前面有两条路，请问丞相从那条路去？"操问："那条路近？"军士曰："大路稍平，却远五十余里。小路投华容道，却近五十余里，只是地窄路险，坑坎难行。"操令人上山观望，回报："小路山边有数处烟起，大路并无动静。"操教前军便走华容道小路。诸将曰："烽烟起处，必有军马，何故反走这条路？"操曰："岂不闻兵书有云：'虚则实之，实则虚之。'诸葛亮多谋，故使人于山僻烧烟，使我军不敢从这条山路走，他却伏兵在大路等着。吾料已定，偏不教中他计！"诸将皆曰："丞相妙算，人不可及。"遂勒兵走华容道。此时人皆饥倒，马尽困乏。焦头烂额者扶策①而行，中箭着枪者勉强而走。衣甲湿透，个个不全；军器旗幡，纷纷不整。大半皆是彝陵道上被赶得慌，只骑得秃马，鞍辔衣服，尽皆抛弃。正值隆冬严寒之时，其苦何可胜言。

> 曹操头头是道地分析对方的埋伏，殊不知他的"妙算"尽在诸葛亮的意料之中，暗写出诸葛亮的神机妙算、足智多谋。

操见前军停马不进，问是何故。回报曰："前面山僻路小，

---

① 扶策——拄着拐棍。

因早晨下雨，坑堑内积水不流，泥陷马蹄，不能前进。"操大怒叱曰："军旅逢山开路，遇水叠桥，岂有泥泞不堪行之理！"传下号令，教老弱中伤军士在后慢行，强壮者担土束柴，搬草运芦，填塞道路，务要即时行动，如违令者斩。众军只得都下马，就路旁砍伐竹木，填塞山路。操恐后军来赶，令张辽、许褚、徐晃引百骑执刀在手，但迟慢者便斩之。此时军已饿乏，众皆倒地，操喝令人马践踏而行，死者不可胜数。号哭之声，于路不绝。操怒曰："生死有命，何哭之有！如再哭者立斩！"三停人马：一停落后，一停填了沟壑，一停跟随曹操。过了险峻，路稍平坦。操回顾只有三百余骑随后，并无衣甲袍铠整齐者。操催速行，众将曰："马尽乏矣，只好少歇。"操曰："赶到荆州将息未迟。"又行不到数里，操在马上扬鞭大笑。众将问："丞相何又大笑？"操曰："人皆言周瑜、诸葛亮足智多谋，以吾观之，到底是无能之辈。若使此处伏一旅之师，吾等皆束手受缚矣。"

言未毕，一声炮响，两边五百校刀手摆开，为首大将关云长，提青龙刀，跨赤兔马，截住去路。操军见了，亡魂丧胆，面面相觑。操曰："既到此处，只得决一死战！"众将曰："人纵然不怯，马力已乏，安能复战？"程昱曰："某素知云长傲上而不忍下，欺强而不

> 曹操为达目的不择手段，对待军士们如此残酷无情、心狠手辣，表现出他自私残忍的一面。

> 三次大笑引出关云长。难道华容道是曹操的绝路？情节引人入胜。

> 程昱冷静分析，让曹操去向关羽求情，可见程昱的理智、聪明。

凌弱，恩怨分明，信义素著。丞相旧日有恩于彼，今只亲自告之，可脱此难。"操从其说，即纵马向前，欠身谓云长曰："将军别来无恙！"云长亦欠身答曰："关某奉军师将令，等候丞相多时。"操曰："曹操兵败势危，到此无路，望将军以昔日之情为重。"云长曰："昔日关某虽蒙丞相厚恩，然已斩颜良，诛文丑，解白马之围，以奉报矣。今日之事，岂敢以私废公？"操曰："五关斩将之时，还能记否？大丈夫以信义为重，将军深明《春秋》，岂不知庾（yǔ）公之斯追子濯（zhuó）孺（rú）子之事乎？"云长是个义重如山之人，想起当日曹操许多恩义，与后来五关斩将之事，如何不动心？又见曹军惶（huáng）惶，皆欲垂泪，一发心中不忍。于是把马头勒回，谓众军曰："四散摆开。"这个分明是放曹操的意思。操见云长回马，便和众将

> 义重如山的关羽最终放走了曹操。心理描写真实细致，感情变化合乎情理。

一齐冲将过去了。云长回身时，曹操已与众将过去了。云长大喝一声，众军皆下马，哭拜于地。云长愈加不忍。正犹豫间，张辽纵马而至。云长见了，又动故旧之情，长叹一声，并皆放去。后人有诗曰：

  曹瞒兵败走华容，正与关公狭路逢。只为当初恩义重，放开金锁走蛟龙。

曹操既脱华容之难，行至谷口，回顾所随军兵，只有二十七骑。比及天晚，已近南郡，火把齐明，一簇人马拦路。操大惊曰："吾命休矣！"只见一群哨马冲到，方认得是曹仁军马。操才心安。曹仁接着，言："虽知兵败，不敢远离，只得在附近迎接。"操曰："几与汝不相见也！"于是引众入南郡安歇。随后张辽也到，说云长之德。操点将校，中伤者极多，操皆令

将息。曹仁置酒与操解闷,众谋士俱在座,操忽仰天大恸(tòng)。众谋士曰:"丞相于虎窟中逃难之时,全无惧怯。今到城中,人已得食,马已得料,正须整顿军马复仇,何反痛哭?"操曰:"吾哭郭奉孝耳!若奉孝在,决不使吾有此大失也!"遂捶胸大哭曰:"哀哉,奉孝!痛哉,奉孝!惜哉,奉孝!"众谋士皆默然自惭。次日,操唤曹仁曰:"吾今暂回许都,收拾军马,必来报仇。汝可保全南郡。吾有一计,密留在此,非急休开。急则开之,依计而行,使东吴不敢正视南郡。"仁曰:"合淝、襄阳,谁可保守?"操曰:"荆州托汝管领;襄阳吾已拨夏侯惇守把;合淝最为紧要之地,吾令张辽为主将,乐进、李典为副将,保守此地。但有缓急,飞报将来。"操分拨已定,遂上马引众奔回许昌。荆州原降文武各官,依旧带回许昌调用。曹仁自遣曹洪据守彝陵、南郡,以防周瑜。

却说关云长放了曹操,引军自回。此时诸路军马,皆得马匹、器械、钱粮,已回夏口。独云长不获一人一骑,空身回见玄德。孔明正与玄德作贺,忽报云长至。孔明忙离坐席,执杯相迎曰:"且喜将军立此盖世之功,与普天下除大害。合宜远接庆贺!"云长默然。孔明曰:"将军莫非因吾等不曾远接,故尔不乐?"回顾左右曰:"汝等缘何不先报?"云长曰:"关某特来请死。"孔明曰:"莫非曹操不曾投华容道上来?"云长曰:"是从那里来。关某无能,因此被他走脱。"孔明曰:"拿得甚将士来?"云长曰:"皆不曾拿。"孔明曰:"此是云长想曹操昔日之恩,故意放了。但既有军令状在此,不得不按军法。"遂叱武士推出斩之。正是:拼将一死酬知己,致令千秋仰义名。未知云长

> 诸葛亮借关羽之手故意放走曹操,是因为形势的需要,也让关羽还清了曹操的恩情,还震慑了关羽,可谓一举多得。

性命如何,且看下文分解。

(选自《三国演义》第四十九、五十回)

　　赤壁之战是中国历史上著名的以少胜多的战役之一。在这场战役中,诸葛亮起到了举足轻重的作用。你能结合这个故事,说说诸葛亮的智谋表现在哪些方面吗?

相关阅读

《红楼梦》

第三十七回　秋爽斋偶结海棠社　蘅芜苑夜拟菊花题

第三十八回　林潇湘魁夺菊花诗　薛蘅芜讽和螃蟹咏

11. 宝玉结社赋诗（节选）

这年贾政又点了学差①，择于八月二十日起身。是日拜过宗祠(cí)及贾母起身，宝玉诸子弟等送至洒泪亭。

贾政平日里对宝玉管教严厉，他的离开让宝玉更加自由自在，为宝玉结社提供了机会。

却说贾政出门去后，外面诸事不能多记。单表宝玉每日在园中任意纵性的逛荡，真把光阴虚度，岁月空添。这日正无聊之际，只见翠墨进来，手里拿着一副花笺送与他。宝玉因道："可是我忘了，才说要瞧瞧三妹妹去的，可好些了，你偏走来。"翠墨道："姑娘好了，今儿也不吃药了，不过是凉着一点儿。"宝玉听说，便展开花笺看时，上面写道：

娣②探谨(jǐn)奉

二兄文几：前夕新霁(jì)，月色如洗，因惜清景难逢，讵(jù)忍就卧，时漏已三转，犹徘徊于桐槛(kǎn)之下，未防风露所欺，致获采薪之患③。昨蒙亲劳抚嘱，复又数遣侍儿问切，兼以鲜

---

① 学差——即"学政"，朝廷派往各省掌管科举学校等事的官员。
② 娣——义同"妹"。
③ 采薪之患——原意是有病不能打柴，后用作自称有病的婉辞。

荔并真卿①墨迹见赐，何痌瘝（tōng guān）②惠爱之深哉！今因伏几凭床处默之时，因思及历来古人中处名攻利敌之场，犹置一些山滴水③之区，远招近揖，投辖攀辕④，务结二三同志盘桓（huán）于其中，或竖词坛，或开吟社，虽一时之偶兴，遂成千古之佳谈。娣虽不才，窃⑤同叨栖处于泉石之间，而兼慕薛林之技。风庭月榭，惜未宴集诗人；帘杏溪桃，或可醉飞吟盏。孰（shú）谓莲社⑥之雄才，独许须眉；直以东山⑦之雅会，让余脂粉。若蒙棹（zhào）雪而来⑧，娣则扫花以待。此谨奉。

探春写给宝玉的花笺，用典精妙，富有文采，表现出探春的趣味高雅，才情出众。

宝玉看了，不觉喜的拍手笑道："倒是三妹妹的高雅，我如今就去商议。"一面说，一面就走，翠墨跟在后面。

刚到了沁芳亭，只见园中后门上值日的婆子手里拿着一个字帖走来，见了宝玉，便迎上去，口内说道："芸哥儿请安，在后门口等着，叫我送来的。"宝玉打开看时，写道是：

　　不肖男芸恭请

　　父亲大人万福金安。男思自蒙天恩，认于膝下，日夜思一孝顺，竟无可孝顺之处。前因买办花草，上托大人金福，竟认得许多花儿匠，并认得许多名园。因忽见有白海棠一种，不可

---

① 真卿——即唐代大书法家颜真卿。
② 痌瘝——痌，痛；瘝，病。这里探春用以表示宝玉对自己生病的关切。
③ 些山滴水——园林泉石。
④ 投辖攀辕——极言留客之殷切。投辖，宴饮时常将客人的车辖投入井中，使客人不得离去。攀辕，牵挽住车辕子不让走。
⑤ 窃——私下、内心之意，常用作表示个人意见的谦辞。
⑥ 莲社——东晋名僧慧远居庐山虎溪东林寺所结成的一个文社，因寺内有白莲，故称莲社。
⑦ 东山——在浙江会稽。东晋时谢安曾隐居东山，常邀集友人在此遨游山水，吟诗作文。
⑧ 棹雪而来——即乘兴而来。棹，船桨，这里相当于"划"。

> 贾芸的字帖，虽文辞粗俗，却包含着贾芸的恭敬之心。

多得。故变尽方法，只弄得两盆。大人若视男是亲男一般，便留下赏玩。因天气暑热，恐园中姑娘们不便，故不敢面见。奉书恭启，并叩台安。

　　　　男芸跪书

宝玉看了，笑道："独他来了，还有什么人？"婆子道："还有两盆花儿。"宝玉道："你出去说，我知道了，难为他想着。你便把花儿送到我屋里去就是了。"一面说，一面同翠墨往秋爽斋来，只见宝钗、黛玉、迎春、惜春已都在那里了。

> 探春豪爽大气，黛玉谦逊有礼，迎春恬淡温和，宝玉是个急性子，宝钗沉着稳重。

众人见他进来，都笑说："又来了一个。"探春笑道："我不算俗，偶然起个念头，写了几个帖儿试一试，谁知一招皆到。"宝玉笑道："可惜迟了，早该起个社的。"黛玉道："此时还不算迟，也没什么可惜。但是你们只管起社，可别算上我，我是不敢的。"迎春笑道："你不敢谁还敢呢。"宝玉道："这是一件正经大事，大家鼓舞起来，不要你谦我让的。各有主意自管说出来大家平章①。宝姐姐也出个主意，林妹妹也说个话儿。"宝钗道："你忙什么，人还不全呢。"

一语未了，李纨(wán)也来了，进门笑道："雅的紧！要起诗社，我自荐我掌坛。前儿春天我原有这个意思的。我想了一想，我又不会作诗，瞎乱些什么，因而也忘了，就没有说得。既是三妹妹高兴，我就帮你作兴起来。"

黛玉道："既然定要起诗社，咱们都是诗翁了，先把这些

---

① 平章——品评；议论。

姐妹叔嫂的字样改了才不俗。"李纨道:"极是,何不大家起个别号,彼此称呼则雅。我是定了'稻香老农',再无人占的。"

探春笑道:"我就是'秋爽居士'罢。"宝玉道:"居士、主人到底不恰,且又瘰赘(luǒ zhuì)。这里梧桐芭蕉尽有,或指梧桐芭蕉起个倒好。"探春笑道:"有了,众人都道别致有趣。黛玉笑道:"你们快牵了他去,我最喜芭蕉,就称'蕉下客'罢。"炖(dùn)了脯(pú)子吃酒。"众人不解。黛玉笑道:"古人曾云'蕉叶覆鹿'①。他自称'蕉下客'可不是一只鹿了?快做了鹿脯来。"众人听了都笑起来。

> 黛玉用"蕉叶覆鹿"的典故调侃探春,表现了她的幽默风趣。

探春因笑道:"你别忙中使巧话来骂人,我已替你想了个极当的美号了。"又向众人道:"当日娥皇女英洒泪在竹上成斑,故今斑竹又名湘妃竹。如今他住的是潇湘馆,他又爱哭,将来他想林姐夫,那些竹子也是要变成斑竹的。以后都叫他作'潇湘妃子'就完了。"大家听说,都拍手叫妙。林黛玉低了头方不言语。李纨笑道:"我替薛大妹妹也早已想了个好的,也只三个字。"惜春迎春都问是什么。李纨道:"我是封他为'蘅(héng)芜君'了,不知你们以为如何。"探春笑道:"这个封号极好。"宝玉道:"我呢?你们也替我想一个。"宝钗笑道:"你的号早有了,'无事忙'三字恰当的很。"李纨道:"你还是你的旧号'绛(jiàng)洞花主'就好。"宝玉笑道:"小时候干的营生,还提他做什么。"探春道:"你的号多的很,又起什么。我们爱叫你什么,你就答应着就是了。"宝钗道:"还得我送你个号罢。有最俗的一个号,却于你最当。天下难得的是富

---

① 蕉叶覆鹿——比喻世事真假错杂变幻无定,也喻梦幻。这里只是取蕉下有鹿的字面意思来打趣。

贵,又难得的是闲散,这两样再不能兼有,不想你兼有了,就叫你'富贵闲人'也罢了。"宝玉笑道:"当不起,当不起,倒是随你们混叫去罢。"李纨道:"二姑娘四姑娘起个什么号?"迎春道:"我们又不大会诗,白起个号做什么?"探春道:"虽如此,也起个才是。"宝钗道:"他住的是紫菱洲,就叫他'菱洲';四丫头在藕香榭,就叫他'藕榭'就完了。"

> 宝钗给宝玉起的两个别号,既体现出她风趣的一面,又暗含了讽刺和规劝的意味。

李纨道:"就是这样好。但序齿我大,你们都要依我的主意,管情说了大家合意。我们七个人起社,我和二姑娘四姑娘都不会作诗,须得让出我们三个人去。我们三个各分一件事。"探春笑道:"已有了号,还只管这样称呼,不如不有了。以后错了,也要立个罚约才好。"李纨道:"立定了社,再定罚约。我那里地方大,竟在我那里作社。我虽不能作诗,这些诗人竟不厌俗客,我作个东道主人,我自然也清雅起来了。若是要推我作社长,我一个社长自然不够,必要再请两位副社长,就请菱洲藕榭二位学究来,一位出题限韵,一位誊(téng)录监场。亦不可拘定了我们三个人不作,若遇见容易些的题目韵脚,我们也随便作一首。你们四个却是要限定的。若如此便起,若不依我,我也不敢附骥①了。"迎春惜春本性懒于诗词,又有薛林在前,听了这话便深合己意,二人皆说"极是"。

> 李执毛遂自荐当社长,请不擅长作诗的迎春、惜春当副社长,使得每个人都有事做,可见她的考虑周到,安排合理。

---

① 附骥——比喻依附他人而成名。骥:好马,喻有才德的人。

探春等也知此意，见他二人悦服，也不好强，只得依了。因笑道："这话也罢了，只是自想好笑，好好的我起了个主意，反叫你们三个来管起我来了。"宝玉道："既这样，咱们就往稻香村去。"李纨道："都是你忙，今日不过商议了，等我再请。"宝钗道："也要议定几日一会才好。"探春道："若只管会的多，又没趣了。一月之中，只可两三次才好。"宝钗点头道："一月只要两次就够了。拟定日期，风雨无阻。除这两日外，倘有高兴的，他情愿加一社的，或情愿到他那里去，或附就了来，亦可使得，岂不活泼有趣。"众人都道："这个主意更好。"

探春道："只是原系我起的意，我须得先作个东道主人，方不负我这兴。"李纨道："既这样说，明日你就先开一社如何？"探春道："明日不如今日，此刻就很好。你就出题，菱洲限韵，藕榭监场。"迎春道："依我说，也不必随一人出题限韵，竟是拈阄（jiū）公道。"李纨道："方才我来时，看见他们抬进两盆白海棠来，倒是好花。你们何不就咏起他来？"迎春道："都还未赏，先倒作诗。"宝钗道："不过是白海棠，又何必定要见了才作。古人的诗赋，也不过都是寄兴写情耳。若都是等见了作，如今也没这些诗了。"

迎春道："既如此，待我限韵。"说着，走到书架前抽出一本诗来，随手一揭，这首竟是一首七言律，递与众人看了，都该作七言律。迎春掩了诗，又向一个小丫头道："你随口说一个字来。"那丫头正倚门立着，便说了个"门"字。迎春笑道："就是门字韵，'十三元'了。头一个韵定要这'门'字。"说着，又要了韵牌匣子过来，抽出"十三元"一屉，又命那小丫头随手拿四块。那丫头便拿了"盆""魂""痕""昏"四块来。宝玉道："这'盆''门'两个字不大好作呢！"

待书一样预备下四份纸笔，便都悄然各自思索起来。独黛玉

或抚梧桐，或看秋色，或又和丫鬟们嘲笑。迎春又令丫鬟炷了一支"梦甜香"。原来这"梦甜香"只有三寸来长，有灯草粗细，以其易烬(jìn)，故以此烬为限，如香烬未成便要罚。

一时探春便先有了，自提笔写出，又改抹了一回，递与迎春。因问宝钗："蘅芜君，你可有了？"宝钗道："有却有了，只是不好。"宝玉背着手，在回廊上踱来踱去，因向黛玉说道："你听，他们都有了。"黛玉道："你别管我。"宝玉又见宝钗已誊写出来，因说道："了不得！香只剩了一寸了，我才有了四句。"又向黛玉道："香就完了，只管蹲在那潮地下做什么？"黛玉也不理。宝玉道："我可顾不得你了，好歹也写出来罢。"说着也走在案前写了。

李纨道："我们要看诗了，若看完了还不交卷是必罚的。"宝玉道："稻香老农虽不善作却善看，又最公道，你就评阅优劣，我们都服的。"众人都道："自然。"于是先看探春的稿上写道是：

咏白海棠限门盆魂痕昏

斜阳寒草带重门①，苔翠盈铺雨后盆。

玉是精神难比洁，雪为肌骨易销魂。

芳心一点娇无力，倩(qiàn)影三更月

---

① "斜阳"句——寒草，经霜的衰草。带，连接。重门，一层层院门。

有痕。①

莫谓缟(gǎo)仙能羽化②,多情伴我咏黄昏。

大家看了,称赏一回。又看宝钗的是:

珍重芳姿昼掩门③,自携手瓮灌苔盆。

胭脂洗出秋阶影,冰雪招来露砌魂。④

淡极始知花更艳,愁多焉得玉无痕。

欲偿白帝凭清洁,不语婷婷日又昏。⑤

> 宝钗以花自喻,借描写白海棠,表达了对自我的肯定。"愁多"一句以宝玉和黛玉的多愁善感反衬自己的宁静娴雅。

李纨笑道:"到底是蘅芜君。"说着又看宝玉的,道是:

秋容浅淡映重门,七节攒成雪满盆。⑥

出浴太真冰作影,捧心西子玉为魂。⑦

晓风不散愁千点,宿雨还添泪一痕。⑧

> 颔联以古代美女杨贵妃和西施喻白海棠,突出其美丽;"冰作影""玉为魂"形容白海棠的高洁。这一句还借咏白海棠咏宝钗和黛玉。

---

① "芳心"二句——芳心,这里喻花蕊。倩影,俏丽的身影。月有痕,指白海棠在月光下映出的投影。痕,这里指影子。

② "莫谓"句——缟仙,白衣仙女。缟,白绢。羽化,道家称得道成仙飞升为"羽化"。

③ "珍重"句——借白海棠自喻,极写豪门闺秀端庄矜持的仪态。珍重,加倍爱惜。

④ "胭脂"二句——秋阶之上映有洗去红粉的白海棠淡雅的姿影,露水未干的台阶招来白海棠冰雪般素洁的精魂。

⑤ "欲偿"二句——白帝,代指秋天。婷婷,这里指白海棠花。

⑥ "秋容"二句——秋容,指白海棠素淡的姿容。七节,形容海棠枝节繁多。攒,丛聚。

⑦ "出浴"二句——太真,杨贵妃的号。"捧心西子"指西施"捧心而颦"的病态美。二句均借古代美人喻白海棠。

⑧ "晓风"二句——"晓风"句宝玉借以自况。"宿雨"句喻黛玉。愁千点,指枝上盛开的朵朵白花,若含无限哀愁。

独倚画栏如有意,清砧(zhēn)怨笛送黄昏。①

大家看了,宝玉说探春的好,李纨才要推宝钗这诗有身份,因又催黛玉。黛玉道:"你们都有了?"说着,提笔一挥而就,掷(zhì)与众人。李纨等看他写道是:

"一挥而就,掷与众人"写出黛玉的才思敏捷、洒脱不羁。

半卷湘帘②半掩门,碾冰为土玉为盆。

看了这句,宝玉先喝起彩来,只说"从何处想来!"又看下面道:

以梨花之蕊喻白海棠资质的皎洁,以梅花喻白海棠品性的芳香孤傲。构思巧妙别致。

偷来梨蕊三分白,借得梅花一缕魂。

众人看了也都不禁叫好,说"果然比别人又是一样心肠"。又看下面道是:

月窟仙人缝缟袂(mèi)③,秋闺怨女拭啼痕。

娇羞默默同谁诉,倦倚西风夜已昏。

众人看了,都道是这首为上。李纨道:"若论风流别致,自是这首;若论含蓄浑厚,终让蘅稿。"探春道:"这评的有理,潇湘妃子当居第二。"李纨道:"怡红公子是压尾,你服不服?"宝玉道:"我的那首原不好了,这评的最公。"又笑道:"只是蘅潇二首还要斟酌。"李纨道:"原是依我评论,不与你们相干,再有多说者必罚。"宝玉听说,只得罢了。

李纨道:"从此后,我定于每月初二、十六这两日开社,

---

① "独倚"二句——如有意,像有所思虑。清砧,指清冷的捣衣声。怨笛,哀怨幽咽的笛声。
② 湘帘——湘妃竹做的帘子。
③ "月窟"句——月窟,月宫。缟袂,代指白绢做的衣服。

出题限韵都要依我。这其间你们有高兴的，你们只管另择日子补开，那怕一个月每天都开社，我只不管。只是到了初二、十六这两日，是必往我那里去。"宝玉道："到底要起个社名才是。"探春道："俗了又不好，特新了，刁钻古怪也不好。可巧才是海棠诗开端，就叫个海棠社罢。虽然俗些，因真有此事，也就不碍了。"说毕大家又商议了一回，略用些酒果，方各自散去。也有回家的，也有往贾母王夫人处去的。当下别人无话。

且说袭人因见宝玉看了字帖儿便慌慌张张的同翠墨去了，也不知是何事。后来又见后门上婆子送了两盆海棠花来。袭人问是那里来的，婆子便将宝玉前一番缘故说了。袭人听说便命他们摆好，让他们在下房里坐了，自己走到自己房内称了六钱银子封好，又拿了三百钱走来，都递与那两个婆子道："这银子赏那抬花来的小子们，这钱你们打酒吃罢。"那婆子们站起来，眉开眼笑，千恩万谢的不肯受，见袭人执意不收，方领了。

袭人又道："后门上外头可有该班的小子们？"婆子忙应道："天天有四个，原预备里面差使的。姑娘有什么差使，我们吩咐去。"袭人笑道："有什么差使？今儿宝二爷要打发人到小侯爷家与史大姑娘送东西去，可巧你们来了，顺便出去叫后门小子们雇辆车来。回来你们就往这里拿钱，不用叫他们又往前头混碰去。"婆子答应着去了。

语言描写，表现袭人的考虑周到，做事有条理。

袭人回至房中，拿碟子盛东西与史湘云送去，却见槅(gé)子上碟槽空着。因回头见晴雯、秋纹、麝月等都在一处做针

䇄(zhǐ)，袭人问道："这一个缠丝白玛瑙(mǎ nǎo)碟子那去了？"众人见问，都你看我我看你，都想不起来。半日，晴雯笑道："给三姑娘送荔枝去的，还没送来呢。"袭人道："家常送东西的家伙也多，巴巴的拿这个去。"晴雯道："我何尝不也这样说。他说这个碟子配上鲜荔枝才好看。我送去，三姑娘见了也说好看，叫连碟子放着，就没带来。你再瞧，那橱子尽上头的一对联珠瓶①还没收来呢。"

袭人要用缠丝白玛瑙碟子装东西送给史湘云，引出下文丫鬟们的对话，推动情节的发展。

秋纹笑道："提起瓶来，我又想起笑话。我们宝二爷说声孝心一动，也孝敬到二十分。因那日见园里桂花，折了两枝，原是自己要插瓶的，忽然想起来说，这是自己园里的才开的新鲜花，不敢自己先玩，巴巴的把那一对瓶拿下来，亲自灌水插好了，叫个人拿着，亲自送一瓶进老太太，又进一瓶与太太。谁知他孝心一动，连跟的人都得了福了。可巧那日是我拿去的。老太太见了这样，喜的无可无不可，见人就说：'到底是宝玉孝顺我，连一枝花儿也想的到。别人还只抱怨我疼他。'他们知道，老太太素日不大同我说话的，有些不入他老人家的眼的。那日竟叫人拿几百钱给我，说我可怜见的，生的单柔。这可是再想不到的福气。几百钱是小事，难得这个脸面。及至到了太太那里，太太正和二奶奶、赵姨奶奶、周姨奶奶好些人翻箱子，找太太当日年轻的颜色衣裳，不知给那一个了。一见了，连衣裳也不找了，且看花儿。又有二奶奶在旁边凑趣儿，夸宝玉又是怎么孝敬，又是怎样知好歹，有的没的说了两车

---

① 联珠瓶——指两个等大的圆形并联（或叠联）的瓷瓶。

话。当着众人,太太自为又增了光,堵了众人的嘴。太太越发喜欢了,现成的衣裳就赏了我两件。衣裳也是小事,年年横竖也得,却不像这个彩头。"

晴雯笑道:"呸!没见世面的小蹄子!那是把好的给了人,挑剩下的才给你,你还充有脸呢。"秋纹道:"凭他给谁剩的,到底是太太的恩典。"晴雯道:"要是我,我就不要。若是给别人剩下的给我,也罢了。一样这屋里的人,难道谁又比谁高贵些?把好的给他,剩下的才给我,我宁可不要,冲撞了太太,我也不受这口软气。"秋纹忙问:"给这屋里谁的?我因为前儿病了几天,家去了,不知是给谁的。好姐姐,你告诉我知道知道。"晴雯道:"我告诉了你,难道你这会退还太太去不成?"秋纹笑道:"胡说。我白听了喜欢喜欢。那怕给这屋里的狗剩下的,我只领太太的恩典,也不犯①管别的事。"众人听了都笑道:"骂的巧,可不是给了那西洋花点子哈巴儿了。"袭人笑道:"你们这起烂了嘴的!得了空就拿我取笑打牙儿②。一个个不知怎么死呢。"秋纹笑道:"原来姐姐得了,我实在不知道。我赔个不是罢。"

晴雯嘲笑秋纹没有骨气,暗讽深得王夫人喜爱的袭人,表现出她的个性和自尊。

袭人笑道:"少轻狂罢。你们谁取了碟子来是正经。"麝月道:"那瓶得空儿也该收来了。老太太屋里还罢了,太太屋里人多手杂。别人还可以,赵姨奶奶一伙的人见是这屋里的东西,又该使黑心弄坏了才罢。太太也不大管这些,不如早些收来是正经。"晴雯听说,便掷下针黹(zhǐ)道:"这话倒是,等我取去。"秋纹道:"还是我取去罢,你取你的碟子去。"晴雯笑

---
① 不犯——犯不着。
② 打牙儿——闲磨牙,说俏皮话。

> 晴雯故意去王夫人屋里取瓶子，以此来嘲讽袭人。语言描写表现了她尖酸刻薄的一面。

道："我偏取一遭儿去。是巧宗儿你们都得了，难道不许我得一遭儿？"麝月笑道："通共秋丫头得了一遭儿衣裳，那里今儿又巧，你也遇见找衣裳不成。"晴雯冷笑道："虽然碰不见衣裳，或者太太看见我勤谨，一个月也把太太的公费里分出二两银子来给我，也定不得。"说着，又笑道："你们别和我装神弄鬼的，什么事我不知道。"一面说，一面往外跑了。秋纹也同他出来，自去探春那里取了碟子来。

袭人打点齐备东西，叫过本处的一个老宋妈妈来，向他说道："你先好生梳洗了，换了出门的衣裳来，如今打发你与史姑娘送东西去。"那宋嬷嬷道："姑娘只管交给我，有话说与我，我收拾了就好一顺去的。"袭人听说，便端过两个小掐（qiā）丝盒子来。先揭开一个，里面装的是红菱和鸡头①两样鲜果；又揭那一个，是一碟子桂花糖蒸新栗粉糕。又说道："这都是今年咱们这里园里新结的果子，宝二爷送来与姑娘尝尝。再前日姑娘说这玛瑙碟子好，姑娘就留下玩罢。这绢包儿里头是姑娘上日叫我做的活计，姑娘别嫌粗糙，能着②用罢。替我们请安，替二爷问好就是了。"宋嬷嬷道："宝二爷不知还有什么说的，姑娘再问问去，回来又别说忘了。"袭人因问秋纹："方才可见在三姑娘那里？"秋纹道："他们都在那里商议起什么诗社呢，又都作诗。想来没话，你只去罢。"宋嬷嬷听了，便拿了东西出去，另外穿戴了。袭人又嘱咐他："从后门出去，有小子和车等着呢。"宋嬷嬷去后，不在话下。

---

① 鸡头——指鸡头米。
② 能着——将就。

宝玉回来，先忙着看了一回海棠，至房内告诉袭人起诗社的事。袭人也把打发宋嬷嬷与史湘云送东西去的话告诉了宝玉。宝玉听了，拍手道："偏忘了他。我自觉心里有件事，只是想不起来，亏你提起来，正要请他去。这诗社里若少了他还有什么意思。"袭人劝道："什么要紧，不过玩意儿。他比不得你们自在，家里又作不得主儿。告诉他，他要来又由不得他；不来，他又牵肠挂肚的，没的叫他不受用。"宝玉道："不妨事，我回老太太打发人接他去。"正说着，宋嬷嬷已经回来，回复道生受①，与袭人道乏，又说："问二爷做什么呢，我说和姑娘们起什么诗社作诗呢。史姑娘说，他们作诗也不告诉他去，急的了不的。"宝玉听了立身便往贾母处来，立逼着叫人接去。贾母因说："今儿天晚了，明日一早再去。"宝玉只得罢了，回来闷闷的。

> 宝玉"立逼着"贾母叫人去接湘云，表现出湘云在宝玉心目中才情之高，也写出了兄妹情深。

次日一早，便又往贾母处来催逼人接去。直到午后，史湘云才来，宝玉方放了心，见面时就把始末缘由告诉他，又要与他诗看。李纨等因说道："且别给他诗看，先说与他韵。他后来，先罚他和了诗：若好，便请入社；若不好，还要罚他一个东道再说。"史湘云道："你们忘了请我，我还要罚你们呢。就拿韵来，我虽不能，只得勉强出丑。容我入社，扫地焚香我也情愿。"

> 豪爽洒脱的湘云语言幽默、态度诚恳，表现出她对入社有极大的兴趣。

众人见他这般有趣，越发喜欢，都埋怨昨日怎么忘了他，遂忙告诉他韵。史湘云一心兴头，等不

---

① 生受——这里是道谢语，难为、有劳的意思。

经典里的名人馆

得推敲删改,一面只管和人说着话,心内早已和成,即用随便的纸笔录出,先笑说道:"我却依韵和了两首,好歹我却不知,不过应命而已。"说着递与众人。众人道:"我们四首也算想绝了,再一首也不能了。你倒弄了两首,那里有许多话说,必要重了我们。"一面说,一面看时,只见那两首诗写道:

其一

神仙昨日降都门①,种得蓝田玉一盆。
自是霜娥②偏爱冷,非关倩女亦离魂。
秋阴③捧出何方雪,雨渍(zì)添来隔宿痕。
却喜诗人吟不倦,岂令寂寞度朝昏。

其二

蘅芷(zhǐ)阶通萝薜(bì)④门,也宜墙角也宜盆。
花因喜洁难寻偶,人为悲秋易断魂。
玉烛滴干风里泪,晶帘隔破月中痕。⑤
幽情欲向嫦娥诉,无奈虚廊夜色昏。⑥

> "也宜墙角也宜盆"正是湘云豁达性格的体现。

> 写众人"看一句,惊讶一句",表现诗句之妙,从侧面烘托出湘云的才华横溢。

众人看一句,惊讶一句,看到了,赞到了,都说:"这个不枉作了海棠诗,真该要起海棠社了。"史湘云道:"明日先罚我个东道,就让我先邀一社可使得?"众人道:

---

① 都门——即京都。
② 霜娥——即青女,神话中司霜雪的女神。
③ 秋阴——即秋云。阴,密云。
④ 蘅芷、萝薜——蘅,杜蘅;芷,白芷;均为香草。萝,松萝;薜,薜荔;皆蔓生植物。
⑤ "玉烛"二句——玉烛,白色蜡烛。晶帘,水晶帘。上句以燃着的白蜡烛来比喻在秋风中摇曳的白海棠,下句是说从水晶帘内看月色中白海棠的姿影更显得朦胧模糊。
⑥ "幽情"二句——幽情,深藏在内心的衷情。虚廊,寂静的长廊。

"这更妙了。"因又将昨日的与他评论了一回。

至晚,宝钗将湘云邀往蘅芜苑安歇去。湘云灯下计议如何设东拟题。宝钗听他说了半日,皆不妥当,因向他说道:"既开社,便要作东。虽然是玩意儿,也要瞻前顾后,又要自己便宜,又要不得罪了人,然后方大家有趣。你家里你又作不得主,一个月通共那几串钱,你还不够盘缠呢。这会子又干这没要紧的事,你婶子听见了,越发抱怨你了。况且你就都拿出来,做这个东道也是不够。难道为这个家去要不成?还是往这里要呢?"一席话提醒了湘云,倒踌躇(chóu chú)起来。

宝钗道:"这个我已经有个主意。我们当铺里有个伙计,他家田上出的很好的肥螃蟹,前儿送了几斤来。现在这里的人,从老太太起连上园里的人,有多一半都是爱吃螃蟹的。前日姨娘还说要请老太太在园里赏桂花吃螃蟹,因为有事还没有请呢。你如今且把诗社别提起,只管普通一请。等他们散了,咱们有多少诗作不得的。我和我哥哥说,要几篓极肥极大的螃蟹来,再往铺子里取上几坛好酒,再备上四五桌果碟,岂不又省事又大家热闹了。"湘云听了,心中自是感服,极赞他想的周到。

> 宝钗考虑事情周到细致,让湘云既感动又佩服。

宝钗又笑道:"我是一片真心为你的话。你千万别多心,想着我小看了你,咱们两个就白好了。你若不多心,我就好叫他们办去的。"湘云忙笑道:"好姐姐,你这样说,倒多心待我了。凭他怎么糊涂,连个好歹也不知,还成个人了?我若不把姐姐当作亲姐姐一样看,上回那些家常话烦难事也不肯尽情告诉你了。"宝钗听说,便叫一个婆子来:

> 语言描写,表现出湘云对宝钗的感激和信任。

"出去和大爷说,依前日的大螃蟹要几篓来,明日饭后请老太太姨娘赏桂花。你说大爷好歹别忘了,我今儿已请下人了。"那婆子出去说明,回来无话。

这里宝钗又向湘云道:"诗题也不要过于新巧了。你看古人诗中那些刁钻古怪的题目和那极险的韵①了,若题过于新巧,韵过于险,再不得有好诗,终是小家气。诗固然怕说熟话,更不可过于求生,只要头一件立意清新,自然措辞就不俗了。究竟这也算不得什么,还是纺绩针黹是你我的本等。一时闲了,倒是于你我深有益的书看几章是正经。"

湘云只答应着,因笑道:"我如今心里想着,昨日作了海棠诗,我如今要作个菊花诗如何?"宝钗道:"菊花倒也合景,只是前人太多了。"湘云道:"我也是如此想着,恐怕落套。"宝钗想了一想,说道:"有了,如今以菊花为宾,以人为主,竟拟出几个题目来,都是两个字:一个虚字,一个实字,实字便用'菊'字,虚字就用通用门的。如此又是咏菊,又是赋事,前人也没作过,也不能落套。赋景咏物两关着,又新鲜,又大方。"

湘云笑道:"这却很好。只是不知用何等虚字才好。你先想一个我听听。"宝钗想了一想,笑道:"《菊梦》就好。"湘云笑道:"果然好。我也有一个,《菊影》可使得?"宝钗道:"也罢了。只是也有人作过,若题目多,这个也算的上。我又有了一个。"湘云道:"快说出来。"宝钗道:"《问菊》如何?"湘云拍案叫妙,因接说道:"我也有了,《访菊》如何?"宝钗也赞有趣,因说道:

> 湘云与宝钗共同拟定题目,表现出她们的才华出众。

---

① 险韵——最难押的韵部。

"越性拟出十个来，写上再来。"说着，二人研墨蘸(zhàn)笔，湘云便写，宝钗便念，一时凑了十个。湘云看了一遍，又笑道："十个还不成幅，越性凑成十二个便全了，也如人家的字画册页一样。"

宝钗听说，又想了两个，一共凑成十二。又说道："既这样，越性编出他个次序先后来。"湘云道："如此更妙，竟弄成个菊谱了。"宝钗道："起首是《忆菊》；忆之不得，故访，第二是《访菊》；访之既得，便种，第三是《种菊》；种既盛开，故相对而赏，第四是《对菊》；相对而兴有余，故折来供瓶为玩，第五是《供菊》；既供而不吟，亦觉菊无彩色，第六便是《咏菊》；既入词章，不可不供笔墨，第七便是《画菊》；既为菊如是碌(lù)碌，究竟不知菊有何妙处，不禁有所问，第八便是《问菊》；菊如解语，使人狂喜不禁，第九便是《簪菊》；如此人事虽尽，犹有菊之可咏者，《菊影》《菊梦》二首续在第十第十一；末卷便以《残菊》总收前题之盛。这便是三秋的妙景妙事都有了。"

对十二个菊花题的精彩解读，表现了宝钗的聪慧过人。

湘云依说将题录出，又看了一回，又问"该限何韵？"宝钗道："我平生最不喜限韵的，分明有好诗，何苦为韵所缚。咱们别学那小家派，只出题不拘韵。原为大家偶得了好句取乐，并不为此而难人。"湘云道："这话很是。这样大家的诗还进一层。但只咱们五个人，这十二个题目，难道每人作十二首不成？"宝钗道："那也太难人了。将这题目誊好，都要七言律，明日贴在墙上。他们看了，谁作那一个就作那一个。有力

宝钗不喜欢作诗用限韵来束缚人，认为那是小家派，见解非凡，有新意。

量者,十二首都作也可;不能的,一首不成也可。高才捷(jié)足者为尊。若十二首已全,便不许他后赶着又作,罚他就完了。"湘云道:"这倒也罢了。"二人商议妥贴,方才熄灯安寝。要知端的,且听下回分解。

(选自《红楼梦》第三十七回)

在探春的提议下,大观园里的兄弟姐妹开办了海棠诗社,他们各展才华,比试文采。你觉得谁是最佳的一位?请简要说说你的理由。

12. 湘云醉卧芍药丛

话说平儿出来吩咐林之孝家的道:"大事化为小事,小事化为没事,方是兴旺之家。若得不了①一点子小事,便扬铃打鼓的乱折腾起来,不成道理。如今将他母女带回,照旧去当差。将秦显家的仍旧退回。再不必提此事。只是每日小心巡察要紧。"说毕,起身走了。柳家的母女忙向上磕头,林家的带回园中,回了李纨探春,二人皆说:"知道了,宁可无事,很好。"

> 柳五儿被诬陷偷了王夫人的玫瑰露。林之孝家的立即扣押了柳家母女,派秦显家的到厨房当差。平儿问明情况后,公正裁决,还柳家母女公道。

司棋等人空兴头②了一阵。那秦显家的好容易等了这个空子钻了来,只兴头上半天。在厨房内正乱着接收家伙米粮煤炭等物,又查出许多亏空来,说:"粳(jīng)米短了两石,常用米又多支了一个月的,炭也欠着额数。"一面又打点送林之孝家的礼,悄悄的备了一篓炭,五百斤木柴,一担粳米,在外边就遣了子侄送入林家去了;又打点送账房的礼;又预备几样菜蔬请几位同事的人,说:"我来了,全仗列位扶持。自今以后都是一家人了。我有照顾不到的,好歹大家照顾些。"

正乱着,忽有人来说与他:"看过这早饭就出去罢。柳嫂

---

① 得不了——恨不得。
② 兴头——得意、高兴。

儿原无事，如今还交与他管了。"秦显家的听了，轰去魂魄(hún pò)，垂头丧气，登时偃旗息鼓，卷包而出。送人之物白丢了许多，自己倒要折变了赔补亏空。连司棋都气了个倒仰，无计挽回，只得罢了。

赵姨娘正因彩云私赠了许多东西，被玉钏(chuàn)儿吵出，生恐查诘(jié)出来，每日捏一把汗打听信儿。忽见彩云来告诉说："都是宝玉应了，从此无事。"赵姨娘方把心放下来。谁知贾环听如此说，便起了疑心，将彩云凡私赠之物都拿了出来，照着彩云的脸摔了去，说："这两面三刀的东西！我不稀罕(hǎn)。你不和宝玉好，他如何肯替你应。你既有担当给了我，原该不与一个人知道。如今你既然告诉他，我再要这个，也没趣儿。"

> 贾环以小人之心揣度彩云，动作语言描写表现出他的气量狭小、敏感多疑、无情无义。

彩云见如此，急的发身赌誓，至于哭了。百般解说，贾环执意不信，说："不看你素日之情，去告诉二嫂子，就说你偷来给我，我不敢要。你细想去。"说毕，摔手出去了。急的赵姨娘骂："没造化的种子，蛆心孽障。"气的彩云哭个泪干肠断。赵姨娘百般的安慰他："好孩子，他辜负了你的心，我看的真。让我收起来，过两日他自然回转过来了。"说着，便要收东西。彩云赌气一顿包起来，乘人不见时，来至园中，都撇在河内，顺水沉的沉漂的漂了。自己气的夜间在被内暗哭。

当下又值宝玉生日已到，原来宝琴也是这日，二人相同。因王夫人不在家，也不曾像往年闹热。只有张道士送了四样礼，换的寄名符儿；还有几处僧尼庙的和尚姑子送了供尖儿①，并寿星纸马疏头，并本命星官值年太岁周年换的锁儿。家中常走的女先儿来上寿。王子腾那边，仍是一套衣服，一双鞋袜，一百寿桃，一百束上用银丝挂面。薛姨妈处减一等。其余家中人，尤氏仍是一双鞋袜；凤姐儿是一个宫制四面和合荷包，里面装一个金寿星，一件波斯国②所制玩器。各庙中遣人去放堂③舍钱。又另有宝琴之礼，不能备述。姐妹中皆随便，或有一扇的，或有一字的，或有一画的，或有一诗的，聊(liáo)复应景而已。

介绍宝玉过生日收到的贺礼，从道士、尼姑、和尚，到王子腾、薛姨妈等长辈，再到家中人尤氏、凤姐和各姐妹，无不透露着宝玉身份的尊贵。

这日宝玉清晨起来，梳洗已毕，冠带出来。至前厅院中，已有李贵等四五个人在那里设下天地香烛，宝玉炷了香。行毕礼，奠(diàn)茶焚纸后，便至宁府中宗祠祖先堂两处行毕礼，出至月台上，又朝上遥拜过贾母、贾政、王夫人等。一顺到尤氏上房，行过礼，坐了一回，方回荣府。先至薛姨妈处，薛姨妈再三拉着，然后又遇见薛蝌，让一回，方进园来。晴雯、麝月二人跟随，小丫头夹着毡子，从李氏起，一一挨着比他长的房中到过。复出二门，至李、赵、张、王四个奶妈家让了一回，方进来。虽众人要行礼，也不曾受。回至房

详细描写宝玉过生日这天早上向祖先和长辈等人行礼，表现了他的遵守礼节，也突出了贾府大家庭中尊卑长序的严格等级。

---

① 供尖儿——指供品的顶端部分。以其馈人，以示祝福。
② 波斯国——古国名，今伊朗。
③ 放堂——旧时施主在寺庙中布施僧众以期消灾得福。

中,袭人等只都来说一声就是了。王夫人有言,不令年轻人受礼,恐折了福寿,故皆不磕头。

歇一时,贾环、贾兰等来了,袭人连忙拉住,坐了一坐,便去了。宝玉笑说走乏了,便歪在床上。方吃了半盏茶,只听外面咭咭呱呱,一群丫头笑进来,原来是翠墨、小螺(luó)、翠缕(lǚ)、入画,邢岫(xiù)烟的丫头篆(zhuàn)儿,并奶子抱着巧姐儿,彩鸾、绣鸾八九个人,都抱着红毡笑着走来,说:"拜寿的挤破了门了,快拿面来我们吃。"刚进来时,探春、湘云、宝琴、岫烟、惜春也都来了。宝玉忙迎出来,笑说:"不敢起动,快预备好茶。"进入房中,不免推让一回,大家归坐。袭人等捧过茶来,才吃了一口,平儿也打扮的花枝招展的来了。

宝玉忙迎出来,笑说:"我方才到凤姐姐门上,回了进去,不能见,我又打发人进去让姐姐的。"平儿笑道:"我正打发你姐姐梳头,不得出来回你。后来听见又说让我,我那里禁当的起,所以特赶来磕头。"宝玉笑道:"我也禁当不起。"袭人早在外间安了座,让他坐。平儿便福下去,宝玉作揖不迭。平儿便跪下去,宝玉也忙还跪下,袭人连忙搀起来。又下了一福,宝玉又还了一揖。袭人笑推宝玉:"你再作揖。"宝玉道:"已经完了,怎么又作揖?"袭人笑道:"这是他来给你拜寿。今儿也是他的生日,你也该给他拜寿。"宝玉听了,喜的忙作下揖去,说:"原来今儿也是姐姐的芳诞。"平儿还万福不迭(dié)。

湘云的打趣让众人这才知道宝玉、平儿、宝琴、岫烟是同一天生日,真是无巧不成书了。

湘云拉宝琴、岫烟说:"你们四个人对拜寿,直拜一天才是。"探春忙问:"原来邢妹妹也是今儿?我怎么就忘了。"忙命丫头:"去告诉二奶奶,赶着补了一份礼,与琴姑娘的一样,送到二姑娘屋里去。"丫头答应着去了。岫烟见湘云直口说出来,少不得要到各房去让让。

探春笑道:"倒有些意思,一年十二个月,月月有几个生日。人多了,便这等巧,也有三个一日、两个一日的。大年初一日也不白过,大姐姐占了去。怨不得他福大,生日比别人就占先。又是太祖太爷的生日。过了灯节,就是姨太太和宝姐姐,他们娘儿两个遇的巧。三月初一日是太太,初九日是琏二哥哥。二月没人。"袭人道:"二月十二是林姑娘,怎么没人?就只不是咱家的人。"探春笑道:"我这个记性是怎么了!"宝玉笑指袭人道:"他和林妹妹是一日,所以他记的。"

探春笑道:"原来你两个倒是一日。每年连头也不给我们磕一个。平儿的生日我们也不知道,这也是才知道。"平儿笑道:"我们是那牌儿名上的人,生日也没拜寿的福,又没受礼职分,可吵闹什么,可不悄悄的过去。今儿他又偏吵出来了,等姑娘们回房,我再行礼去罢。"探春笑道:"也不敢惊动。只是今儿倒要替你过个生日,我心才过得去。"宝玉、湘云等一齐都说:"很是。"探春便吩咐了丫头:"去告诉他奶奶,就说我们大家说了,今儿一日不放平儿出去,我们也大家凑了分子过生日呢。"丫头笑着去了,半日,回来说:"二奶奶说了,多谢姑娘们给他脸。不知过生日给他些什么吃,只别忘了二奶奶,就不来絮聒(xù guō)他了。"众人都笑了。

> 探春作为临时当家人,用替平儿过生日的方式表达了对平儿的欣赏和奖励。

探春因说道:"可巧今儿里头厨房不预备饭,一应下面弄菜都是外头收拾。咱们就凑了钱叫柳家的来揽了去,只在咱们里头收拾倒好。"众人都说是极。探春一面遣人去问李纨、宝钗、黛玉,一面遣人去传柳家的进来,吩咐他内厨房中快收拾

两桌酒席。

柳家的不知何意,因说外厨房都预备了。探春笑道:"你原来不知道,今儿是平姑娘的华诞。外头预备的是上头的,这如今我们私下又凑了分子,单为平姑娘预备两桌请他。你只管拣新巧的菜蔬预备了来,开了账和我那里领钱。"柳家的笑道:"原来今日也是平姑娘的千秋,我竟不知道。"说着,便向平儿磕下头去,慌的平儿拉起他来。柳家的忙去预备酒席。

这一跪里饱含了对平儿的感激和尊敬。

这里探春又邀了宝玉,同到厅上去吃面,等到李纨宝钗一齐来全,又遣人去请薛姨妈与黛玉。因天气和暖,黛玉之疾渐愈,故也来了。花团锦簇,挤了一厅的人。

谁知薛蟠又送了巾扇香帛四色寿礼与宝玉,宝玉于是过去陪他吃面。两家皆治了寿酒,互相酬送,彼此同领。至午间,宝玉又陪薛蟠吃了两杯酒。宝钗带了宝琴过来与薛蟠行礼,把盏毕,宝钗因嘱薛蟠:"家里的酒也不用送过那边去,这虚套竟可收了。你只请伙计们吃罢。我们和宝兄弟进去还要待人去呢,也不能陪你了。"薛蟠忙说:"姐姐兄弟只管请,只怕伙计们也就好来了。"宝玉忙又告过罪,方同他姊妹回来。

一进角门,宝钗便命婆子将门锁上,把钥匙要了自己拿着。宝玉忙说:"这一道门何必关,又没多的人走。况且姨娘、姐姐、妹妹都在里头,倘或家去取什么,岂不费事。"宝钗笑道:"小心没过逾的。你瞧你们那边,这几日七事八事,竟没有我们这边的人,可知是这门关的有功效了。若是开着,保不住那起人图顺脚,抄近路从这里走,拦谁的是?不如锁了,连妈

宝钗为了避嫌,"命婆子将门锁上,把钥匙要了自己拿着",表现了她小心谨慎的一面。

和我也禁着些,大家别走。纵有了事,就赖不着这边的人了。"

宝玉笑道:"原来姐姐也知道我们那边近日丢了东西?"宝钗笑道:"你只知道玫瑰露和茯苓霜两件,乃因人而及物。若非因人,你连这两件还不知道呢。殊不知还有几件比这两件大的呢。若以后叨登不出来,是大家的造化;若叨登出来,不知里头连累多少人呢。你也是不管事的人,我才告诉你。平儿是个明白人,我前儿也告诉了他,皆因他奶奶不在外头,所以使他明白了。若不出来,大家乐得丢开手。若犯出来,他心里已有稿子,自有头绪,就冤屈不着平人了。你只听我说,以后留神小心就是了,这话也不可对第二个人讲。"

说着,来到沁芳亭边,只见袭人、香菱、待书、素云、晴雯、麝月、芳官、蕊官、藕官等十来个人都在那里看鱼作耍。见他们来了,都说:"芍药栏里预备下了,快去上席罢。"宝钗等随携了他们同到了芍药栏中红香圃三间小敞厅内。连尤氏已请过来了,诸人都在那里,只没平儿。

原来平儿出去,有赖林诸家送了礼来,连三接四,上中下三等家人来拜寿送礼的不少,平儿忙着打发赏钱道谢,一面又色色的回明凤姐儿,不过留下几样,也有不收的,也有收下即刻赏与人的。忙了一回,又直待凤姐儿吃过面,方换了衣裳往园里来。

上中下三等家人来给平儿拜寿送礼,表现出平儿受到大家的尊重和喜爱。

刚进了园,就有几个丫鬟来找他,一同到了红香圃中。只见筵(yán)开玳瑁(dài mào),褥(rù)设芙蓉①。众人都笑:"寿星全了。"上面四座定要让他们四个人坐,四人皆不肯。薛姨妈

---

① 筵开玳瑁、褥设芙蓉——形容筵席的珍贵和铺设的华丽。

说:"我老天拔地,又不合你们的群儿,我倒觉拘的慌,不如我到厅上随便躺躺去倒好。我又吃不下什么去,又不大吃酒,这里让他们倒便宜。"尤氏等执意不从。宝钗道:"这也罢了,倒是让妈在厅上歪着自如些,有爱吃的送些过去,倒自在了。且前头没人在那里,又可照看了。"探春等笑道:"既这样,恭敬不如从命。"因大家送了他到议事厅上,眼看着命丫头们铺了一个锦褥并靠背引枕之类,又嘱咐:"好生给姨妈捶腿,要茶要水别推三扯四的。回来送了东西来,姨妈吃了就赏你们吃。只别离了这里出去。"小丫头们都答应了。

探春等方回来。终久让宝琴、岫烟二人在上,平儿面西坐,宝玉面东坐。探春又接了鸳鸯来,二人并肩对面相陪。西一边桌,宝钗、黛玉、湘云、迎春、惜春,一面又拉了香菱、玉钏儿二人打横。三桌上,尤氏李纨又拉了袭人、彩云陪坐。四桌上便是紫鹃、莺儿、晴雯、小螺、司棋等人围坐。当下探春等还要把盏,宝琴等四人都说:"这一闹,一日都坐不成了。"方才罢了。两个女先儿要弹词上寿,众人都说:"我们没人要听那些野话,你厅上去说给姨太太解闷儿去罢。"一面又将各色吃食拣了,命人送与薛姨妈去。

宝玉便说:"雅坐无趣,须要行令才好。"众人有的说行这个令好,那个又说行那个令好。黛玉道:"依我说,拿了笔将各色全都写了、拈成阄儿,咱们抓出那个来,就是那个。"众人都道妙。即拿了一副笔砚花笺(jiān)。香菱近日学了诗,又天天学写字,见了笔砚便图不得,连忙起座说:"我写。"

宝玉提议行令,引出下文情节,过渡自然。

大家想了一回,共得了十来个,念着,香菱一一的写了,搓成阄儿,掷在一个瓶中间。探春便命平儿拣,平儿向内搅了

12. 湘云醉卧芍药丛

一搅,用箸拈了一个出来,打开看,上写着"射覆"①二字。宝钗笑道:"把个酒令的祖宗拈出来。'射覆'从古有的,如今失了传,这是后人纂(zuǎn)的,比一切的令都难。这里头倒有一半是不会的,不如毁了,另拈一个雅俗共赏的。"探春笑道:"既拈了出来,如何又毁。如今再拈一个,若是雅俗共赏的,便叫他们行去。咱们行这个。"说着又着袭人拈了一个,却是"拇战"②。史湘云笑着说:"这个简断爽利,合了我的脾气。我不行这个'射覆',没的垂头丧气闷人,我只划拳去了。"探春道:"惟有他乱令,宝姐姐快罚他一钟。"宝钗不容分说,便灌湘云一杯。

探春道:"我吃一杯,我是令官,也不用宣,只听我分派。"命取了令骰令盆来,"从琴妹掷起,挨下掷去,对了点的二人射覆。"宝琴一掷,是个三,岫烟宝玉等皆掷的不对,直到香菱方掷了个三。宝琴笑道:"只好室内生春③,若说到外头去,可太没头绪了。"探春道:"自然。三次不中者罚一杯。你覆,他射。"宝琴想了一想,说了个"老"字。香菱原生于这令,一时想不到,满室满席都不见有与"老"字相连的成语。湘云先听了,便也乱看,忽见门斗上贴着"红香圃"三个字,便知宝琴覆的是"吾不如老圃④"的"圃"字。见香菱射不着,众人击鼓又催,便悄悄的拉香菱,

---

① 射覆——射,猜。覆,遮盖,隐藏。射覆,古时的一种猜谜游戏,用碗盆等把某物遮盖起来,猜中者胜。
② 拇战——行酒令的一种,也叫豁拳,划拳。
③ 室内生春——这里指所射覆的谜底只限于本室的事物。
④ 老圃——老菜农。

教他说"药"字。黛玉偏看见了,说:"快罚他,又在那里私相传递呢。"哄的众人都知道了,忙又罚了一杯,恨的湘云拿筷子敲黛玉的手。于是罚了香菱一杯。

下则宝钗和探春对了点子。探春便覆了一个"人"字。宝钗笑道:"这个'人'字泛的很。"探春笑道:"添一字,两覆一射也不泛了。"说着,便又说了一个"窗"字。宝钗一想,因见席上有鸡,便射着他是用"鸡窗"①"鸡人"二典了,因射了一个"埘(shí)②"字。探春知他射着,用了"鸡栖于埘"的典,二人一笑,各饮一口门杯。

> 这里将一群人划拳的场景描写得活灵活现。大呼小叫,镯子叮当,让气氛达到了高潮。

湘云等不得,早和宝玉"三""五"乱叫,划起拳来。那边尤氏和鸳鸯隔着席也"七""八"乱叫划起来。平儿袭人也作了一对划拳,叮叮当当只听得腕上的镯(zhuó)子响。一时湘云赢了宝玉,袭人赢了平儿,尤氏赢了鸳鸯,三个人限酒底酒面,湘云便说:"酒面要一句古文,一句旧诗,一句骨牌名,一句曲牌名,还要一句时宪书③上的话,共总凑成一句话。酒底要关人事的果菜名。"众人听了,都笑说:"惟有他的令也比人唠叨(láo dao),倒也有意思。"便催宝玉快说。宝玉笑道:"谁说过这个,也等想一想儿。"黛玉便道:"你多喝一钟,我替你说。"宝玉真个喝了酒,听黛玉说道:

落霞与孤鹜(wù)齐飞,风急江天过雁哀,却是一只折足雁,叫的人九回肠,这是鸿雁来宾。

---

① 鸡窗——指书室。
② 埘——凿在墙壁上的鸡窝。
③ 时宪书——即历书。

说的大家笑了,说:"这一串子倒有些意思。"黛玉又拈了一个榛穰(zhēn ráng),说酒底道:

　　榛子非关隔院砧,何来万户捣衣声。

令完,鸳鸯、袭人等皆说的是一句俗语,都带一个"寿"字的,不能多赘(zhuì)。

　　大家轮流乱划了一阵,这上面湘云又和宝琴对了手,李纨和岫烟对了点子。李纨便覆了一个"瓢"字,岫烟便射了一个"绿"字,二人会意,各饮一口。湘云的拳却输了,请酒面酒底。宝琴笑道:"请君入瓮。"大家笑起来,说:"这个典用的当。"湘云便说道:

　　奔腾而砰湃,江间波浪兼天涌,须要铁锁缆孤舟,既遇着一江风,不宜出行。

> 这个酒面也暗含着湘云的命运:她也如同这江间孤舟,经历种种人生波涛。

说的众人都笑了,说:"好个诌(zhōu)断了肠子的。怪道他出这个令,故意惹人笑。"又听他说酒底。湘云吃了酒,拣了一块鸭肉呷(xiā)口,忽见碗内有半个鸭头,遂拣了出来吃脑子。众人催他,"别只顾吃,到底快说了。"湘云便用箸子举着说道:

　　这鸭头不是那丫头,头上那讨桂花油。

众人越发笑起来,引的晴雯、小螺、莺儿等一干人都走过来说:"云姑娘会开心儿,拿着我们取笑儿,快罚一杯才罢。怎见得我们就该擦桂花油的?倒得每人给一瓶子桂花油擦擦。"黛玉笑道:"他倒有心给你们一瓶子油,又怕挂误着打盗窃的官司。"众人不理论,宝玉却明白,忙低了头。彩云有心病,不觉的红了脸。宝钗忙暗暗的瞅了黛玉一眼。黛玉自悔失言,

> 黛玉本想打趣宝玉，没想到让彩云红了脸。宝钗只瞅了黛玉一眼，黛玉就自悔失言，表现了黛玉的率真、敏感和宝钗的细腻、周到。

> 宝钗覆了个"宝"字，宝玉射了"钗"字，引出的两句诗看似无意，实则暗示了两个人最后的结局。

原是趣宝玉的，就忘了趣着彩云。自悔不及，忙一顿行令划拳岔开了。

底下宝玉可巧和宝钗对了点子。宝钗覆了一个"宝"字，宝玉想了一想，便知是宝钗作戏指自己所佩通灵玉而言，便笑道："姐姐拿我作雅谑(xuè)，我却射着了。说出来姐姐别恼，就是姐姐的讳'钗'字就是了。"众人道："怎么解？"宝玉道："他说'宝'，底下自然是'玉'了。我射'钗'字，旧诗曾有'敲断玉钗①红烛冷'，岂不射着了。"湘云说道："这用时事却使不得，两个人都该罚。"香菱忙道："不止时事，这也有出处。"湘云道："'宝玉'二字并无出处，不过是春联上或有之，诗书记载并无，算不得。"香菱道："前日我读岑(cén)嘉州②五言律，现有一句说'此乡多宝玉'，怎么你倒忘了？后来又读李义山七言绝句，又有一句'宝钗无日不生尘'③，我还笑说他两个名字都原来在唐诗上呢。"众人笑说："这可问住了，快罚一杯。"湘云无语，只得饮了。

> 寥寥数字，将众人在宴会上尽情玩乐的情景栩栩如生地刻画出来。

大家又该对点的对点，划拳的划拳。这些人因贾母王夫人不在家，没了管束，便任意取乐，呼三喝四，喊七叫八。满厅

---

① 玉钗——代指灯花。
② 岑嘉州——即唐代岑参，因曾任嘉州刺史，故称。
③ 宝钗无日不生尘——宝钗生尘，形容女子懒于梳妆。

中红飞翠舞,玉动珠摇,真是十分热闹。玩了一回,大家方起席散了一散,倏(shū)然不见了湘云,只当他外头自便就来,谁知越等越没了影响,使人各处去找,那里找得着。

写湘云不见了,派人各处去找也找不到,设置悬念。

接着林之孝家的同着几个老婆子来,生恐有正事呼唤,二者恐丫鬟们年轻,乘王夫人不在家不服探春等约束,恣(zì)意痛饮,失了体统,故来请问有事无事。探春见他们来了,便知其意,忙笑道:"你们又不放心,来查我们来了。我们没有多吃酒,不过是大家玩笑,将酒作个引子,妈妈们别耽(dān)心。"李纨尤氏都也笑说:"你们歇着去罢,我们也不敢叫他们多吃了。"林之孝家的等人笑说:"我们知道,连老太太叫姑娘吃酒姑娘们还不肯吃,何况太太们不在家,自然顽罢了。我们怕有事,来打听打听。二则天长了,姑娘们玩一回子还该点补些小食儿。素日又不大吃杂东西,如今吃一两杯酒,若不多吃些东西,怕受伤。"探春笑道:"妈妈们说的是,我们也正要吃呢。"因回头命取点心来。

两旁丫鬟们答应了,忙去传点心。探春又笑让:"你们歇着去罢,或是姨妈那里说话儿去。我们即刻打发人送酒你们吃去。"林之孝家的等人笑回:"不敢领了。"又站了一回,方退了出来。平儿摸着脸笑道:"我的脸都热了,也不好意思见他们。依我说竟收了罢,别惹他们再来,倒没意思了。"探春笑道:"不相干,横竖咱们不认真喝酒就罢了。"

正说着,只见一个小丫头笑嘻嘻的走来:"姑娘们快瞧云姑娘去,吃醉了图凉快,在山子后头一块青板石凳上睡着了。"众人听说,都笑道:"快别吵嚷。"说着,都走来看时,果见湘云卧于山石僻处一个石凳子上,业经香梦沉酣,四面芍药花飞

> 写湘云醉卧在芍药丛中的画面，有声有色，有动有静，极富诗情画意。

> 湘云在梦中还念念不忘说酒令，真是憨态可掬、纯真可爱。

了一身，满头脸衣襟上皆是红香散乱，手中的扇子在地下，也半被落花埋了，一群蜂蝶闹穰(ráng)穰的围着他，又用鲛(jiāo)帕包了一包芍药花瓣枕着。众人看了，又是爱，又是笑，忙上来推唤挽扶。湘云口内犹作睡语说酒令，唧(jī)唧嘟嘟说：

泉香而酒冽，玉碗盛来琥珀(hǔ pò)光，直饮到梅梢月上，醉扶归，却为宜会亲友。

众人笑推他，说道："快醒醒儿吃饭去，这潮凳上还睡出病来呢。"湘云慢启秋波，见了众人，低头看了一看自己，方知是醉了。原是来纳凉避静的，不觉的因多罚了两杯酒，娇娜(nì)不胜，便睡着了，心中反觉自愧。连忙起身扎挣着同人来至红香圃中，用过水，又吃了两盏酽(yàn)茶。探春忙命将醒酒石①拿来给他衔在口内，一时又命他喝了一些酸汤，方才觉得好了些。

当下又选了几样果菜与凤姐送去，凤姐儿也送了几样来。宝钗等吃过点心，大家也有坐的，也有立的，也有在外观花的，也有扶栏观鱼的，各自取便说笑不一。探春便和宝琴下棋，宝钗岫烟观局。林黛玉和宝玉在一簇花下唧唧哝(nóng)哝不知说些什么。

只见林之孝家的和一群女人带了一个媳妇进来。那媳妇愁眉苦脸，也不敢进厅，只到了阶下，便朝上跪下了，碰头有声。探春因一块棋受了敌，算来算去纵得了两个眼，便折了官

---

① 醒酒石——相传是一种能够解酒的石头。

着①，两眼只瞅着棋枰(píng)，一只手却伸在盒内，只管抓弄棋子作想，林之孝家的站了半天，因回头要茶时才看见，问："什么事？"林之孝家的便指那媳妇说："这是四姑娘屋里的小丫头彩儿的娘，现是园内伺候的人。嘴很不好，才是我听见了问着他，他说的话也不敢回姑娘，竟要撵出去才是。"探春道："怎么不回大奶奶？"林之孝家的道："方才大奶奶都往厅上姨太太处去了，顶头看见，我已回明白了，叫回姑娘来。"探春道："怎么不回二奶奶？"平儿道："不回去也罢，我回去说一声就是了。"探春点点头，道："既这么着，就撵出他去，等太太来了，再回定夺。"说毕仍又下棋。这林之孝家的带了那人去。不提。

黛玉和宝玉二人站在花下，遥遥知意。黛玉便说道："你家三丫头倒是个乖人。虽然叫他管些事，倒也一步儿不肯多走。差不多的人就早作起威福来了。"宝玉道："你不知道呢。你病着时，他干了好几件事。这园子也分了人管，如今多掐一草也不能了。又蠲(juān)了几件事，单拿我和凤姐姐作筏子禁别人。最是心里有算计的人，岂只乖而已。"黛玉道："要这样才好，咱们家里也太花费了。我虽不管事，心里每常闲了，替你们一算计，出的多进的少，如今若不省俭，必致后手不接。"宝玉笑道："凭他怎么后手不接，也短不了咱们两个人的。"黛玉听了，转身就往厅上寻宝钗说笑去了。

宝玉正欲走时，只见袭人走来，手内捧着一个小连环洋漆茶盘，里面可式放着两钟新茶，因问："他往那去了？我见你两个半日没吃茶，巴巴的倒了两钟来，他又走了。"宝玉道："那不是他，你给他送去。"说着自拿了一钟。袭人便送了那钟去，偏和宝钗在一处，只得一钟茶，便说："那位渴了那位先

---

① 眼、官着——皆围棋术语。

宝钗和黛玉共喝一杯茶，表现二人的亲密无间、情同姐妹。

写宝玉找芳官，引起下文，推动故事情节的发展。

接了，我再倒去。"宝钗笑道："我却不渴，只要一口漱一漱就够了。"说着先拿起来喝了一口，剩下半杯递在黛玉手内。袭人笑说："我再倒去。"黛玉笑道："你知道我这病，大夫不许我多吃茶，这半钟尽够了，难为你想的到。"说毕，饮干，将杯放下。袭人又来接宝玉的。宝玉因问："这半日没见芳官，他在那里呢？"袭人四顾一瞧说："才在这里几个人斗草的，这会子不见了。"

宝玉听说，便忙回至房中，果见芳官面向里睡在床上。宝玉推他说道："快别睡觉，咱们外头玩去，一回儿好吃饭的。"芳官道："你们吃酒不理我，教我闷了半日，可不来睡觉罢了。"宝玉拉了他起来，笑道："咱们晚上家里再吃，回来我叫袭人姐姐带了你桌上吃饭，何如？"芳官道："藕官蕊官都不上去，单我在那里也不好。我也不惯吃那个面条子，早起也没好生吃。才刚饿了，我已告诉了柳嫂子，先给我做一碗汤盛半碗粳米饭送来，我这里吃了就完事。若是晚上吃酒，不许教人管着我，我要尽力吃够了才罢。我先在家里，吃二三斤好惠泉酒呢。如今学了这劳什子，他们说怕坏嗓子，这几年也没闻见。乘今儿我是要开斋了。"宝玉道："这个容易。"

说着，只见柳家的果遣了人送了一个盒子来。小燕接着揭开，里面是一碗虾丸鸡皮汤，又是一碗酒酿清蒸鸭子，一碟腌的胭脂鹅脯(fǔ)，还有一碟四个奶油松瓤(ráng)卷酥，并一大碗热腾腾碧荧(yíng)荧蒸的绿畦(qí)香稻粳米饭。小燕放在案上，走去拿了小菜并碗箸过来，拨了一碗饭。芳官便说："油腻(nì)

腻的，谁吃这些东西。"只将汤泡饭吃了一碗，拣了两块腌鹅就不吃了。宝玉闻着，倒觉比往常之味又胜些似的，遂吃了一个卷酥，又命小燕也拨了半碗饭，泡汤一吃，十分香甜可口。小燕和芳官都笑了。吃毕，小燕便将剩的要交回。宝玉道："你吃了罢，若不够再要些来。"小燕道："不用要，这就够了。方才麝月姐姐拿了两盘子点心给我们吃了，我再吃了这个，尽不用再吃了。"

小燕的话既突出麝月的体贴照顾，又表示对宝玉感恩。她还留下两个酥卷给自己的妈妈，表现她的孝顺。

说着，便站在桌旁一顿吃了，又留下两个卷酥，说："这个留着给我妈吃。晚上要吃酒，给我两碗酒吃就是了。"宝玉笑道："你也爱吃酒？等着咱们晚上痛喝一阵。你袭人姐姐和晴雯姐姐量也好，也要喝，只是每日不好意思。今儿大家开斋。还有一件事，想着嘱咐你，我竟忘了，此刻才想起来。以后芳官全要你照看他，他或有不到的去处，你提他，袭人照顾不过这些人来。"小燕道："我都知道，都不用操心。但只这五儿怎么样？"宝玉道："你和柳家的说去，明儿直叫他进来罢，等我告诉他们一声就完了。"芳官听了，笑道："这倒是正经。"小燕又叫两个小丫头进来，服侍洗手倒茶，自己收了家伙，交与婆子，也洗了手，便去找柳家的。不在话下。

宝玉便出来，仍往红香圃寻众姐妹，芳官在后拿着巾扇。刚出了院门，只见袭人晴雯二人携手回来。宝玉问："你们做什么？"袭人道："摆下饭了，等你吃饭呢。"宝玉便笑着将方才吃的饭一节告诉了他两个。袭人笑道："我说你是猫儿食，闻见了香就好。隔锅饭

晴雯对芳官兴师问罪，表现她对芳官的嫉妒和不满。

经典里的名人馆

儿香。虽然如此，也该上去陪他们多少应个景儿。"晴雯用手指戳(chuō)在芳官额上，说道："你就是个狐媚(mèi)子，什么空儿跑了去吃饭，两个人怎么就约下了，也不告诉我们一声儿。"袭人笑道："不过是误打误撞的遇见了，说约下了，可是没有的事。"

晴雯道："既这么着，要我们无用。明儿我们都走了，让芳官一个人就够使了。"袭人笑道："我们都去了使得，你却去不得。"晴雯道："惟有我是第一个要去，又懒又笨，性子又不好，又没用。"袭人笑道："倘或那孔雀褂(guà)子再烧个窟窿，你去了谁可会补呢。你倒别和我拿三撇四的，我烦你做个什么，把你懒的横针不拈，竖线不动。一般也不是我的私活烦你，横竖都是他的，你就都不肯做。怎么我去了几天，你病的七死八活，一夜连命也不顾给他做了出来，这又是什么缘故？你到底说话，别只伴憨(hān)，和我笑，也当不了什么。"大家说着，来至厅上。薛姨妈也来了。大家依序坐下吃饭。宝玉只用茶泡了半碗饭，应景而已。一时吃毕，大家吃茶闲话，又随便玩笑。

> 袭人讽刺晴雯懒，不听自己的指令，又说晴雯为了宝玉，可以连命也不要，怎么舍得离开怡红院？暗讽她口是心非。

外面小螺和香菱、芳官、蕊官、藕官、荳官等四五个人，都满园中顽了一回，大家采了些花草来兜着，坐在花草堆中斗草。这一个说："我有观音柳。"那一个说："我有罗汉松。"那一个又说："我有君子竹。"这一个又说："我有美人蕉。"这个又说："我有星星翠。"那个又说："我有月月红。"这个又说："我有《牡丹亭》上的牡丹花。"那个又说："我有《琵琶记》里的枇杷果。"荳官便说："我有姐妹花。"众人没了，香菱便说:"我有夫妻蕙(huì)。"荳官说:"从没听见有个夫妻蕙。"香菱道:"一箭一花为兰,一箭数花为蕙。凡蕙有两枝,上下结花者为兄弟蕙,有并头结花者为夫妻蕙。我这枝并头的,怎么不是夫妻蕙。"荳官没的说了,便起身笑道:"依你说,若是这两枝一大一小,就是老子儿子蕙了。若两枝背面开的,就是仇人蕙了。你汉子去了大半年,你想夫妻了?便扯上蕙也有夫妻,好不害羞!"香菱听了,红了脸,忙要起身拧(nǐng)他,笑骂道:"我把你这个烂了嘴的小蹄子!满嘴里汗嫽(biē)①的胡说了。等我起来打不死你这小蹄子!"

> 香菱和芳官等人斗草。荳官打趣香菱是想丈夫了才编了一个"夫妻蕙"。香菱恼羞成怒,要上去拧荳官,引出下文。

荳官见他要勾来,怎容他起来,便忙连身将他压倒。回头笑着央告蕊官等:"你们来,帮着我拧他这诌(zhōu)嘴。"两个人滚在草地下。众人拍手笑说:"了不得了,那是一洼子水,可惜污了他的新裙子了。"荳官回头看了一看,果见旁边有一汪积雨,香菱的半扇裙子都污湿了,自己不好意思,忙夺了手跑了。众人笑个不住,怕香菱拿他们出气,笑着一哄而散。

香菱起身低头一瞧,那裙上犹滴滴点点流下绿水来。正恨骂不绝,可巧宝玉见他们斗草,也寻了些花草来凑戏,忽见众人跑了,只剩了香菱一个低头弄裙,因问:"怎么散了?"香菱便说:"我有一枝夫妻蕙,他们不知道,反说我诌,因此闹起来,把我的新裙子也脏了。"宝玉笑道:"你有夫妻蕙,我这里倒有一枝并蒂菱。"口内说,手内却真个拈着一枝并蒂菱花,又拈了那枝夫妻蕙在手内。香菱道:"什么夫妻不夫妻,并蒂

---

① 汗嫽——生热病者,汗多难出,心中烦躁,神志不清,往往胡言乱语,称为"汗嫽"。这里借以骂人家"胡说"。

不并蒂,你瞧瞧这裙子。"

宝玉方低头一瞧,便哎呀了一声,说:"怎么就拖在泥里了?可惜这石榴红绫最不经染①。"香菱道:"这是前儿琴姑娘带了来的。姑娘做了一条,我做了一条,今儿才上身。"宝玉跌脚叹道:"若你们家,一日糟蹋这一百件也不值什么。只是头一件既系琴姑娘带来的,你和宝姐姐每人才一件,他的尚好,你的先脏了,岂不辜负他的心。二则姨妈老人家嘴碎,饶这么样,我还听见常说你们不知过日子,只会糟蹋东西,不知惜福呢。这叫姨妈看见了,又说一个不清。"

> 宝玉问明原因后替香菱发愁,担心她被薛姨妈责骂,表现了他的善解人意。

香菱听了这话,却碰在心坎儿上,反倒喜欢起来了,因笑道:"就是这话了。我虽有几条新裙子,都不和这一样,若有一样的,赶着换了,也就好了。过后再说。"宝玉道:"你快休动,只站着方好,不然连小衣儿膝裤鞋面都要拖脏。我有个主意:袭人上月做了一条和这个一模一样的,他因有孝,如今也不穿。竟送了你换下这个来,如何?"香菱笑着摇头说:"不好。他们倘或听见了倒不好。"宝玉道:"这怕什么。等他们孝满了,他爱什么难道不许你送他别的不成。你若这样,还是你素日为人了!况且不是瞒人的事,只管告诉宝姐姐也可,只不过怕姨妈老人家生气罢了。"香菱想了一想有理,便点头笑道:"就是这样罢了,别辜

> 为了帮助香菱,宝玉提出用袭人的石榴裙换下香菱的脏裙子,表现出他对香菱的关心和体贴。

---

① 不经染——经不起沾染、污染。

12. 湘云醉卧芍药丛

负了你的心。我等着,你千万叫他亲自送来才好。"

宝玉听了,喜欢非常,答应了忙忙的回来。一壁里低头心下暗算:"可惜这么一个人,没父母,连自己本姓都忘了,被人拐出来,偏又卖与了这个霸王。"因又想起上日平儿也是意外想不到的,今日更是意外之意外的事了。一壁胡思乱想,来至房中,拉了袭人,细细告诉了他缘故。

香菱之为人,无人不怜爱的。袭人又本是个手中撒漫①的,况与香菱素相交好,一闻此信,忙就开箱取了出来折好,随了宝玉来寻着香菱,他还站在那里等呢。袭人笑道:"我说你太淘气了,足的淘出个故事来才罢。"香菱红了脸,笑说:"多谢姐姐了,谁知那起促狭(xiá)鬼使黑心。"说着,接了裙子,展开一看,果然同自己的一样。又命宝玉背过脸去,自己又手向内解下来,将这条系上。袭人道:"把这脏了的交与我拿回去,收拾了再给你送来。你若拿回去,看见了也是要问的。"香菱道:"好姐姐,你拿去不拘给那个妹妹罢。我有了这个,不要他了。"袭人道:"你倒大方的好。"香菱忙又万福道谢,袭人拿了脏裙便走。

袭人的举动表现了她心地善良、乐于助人的一面。

香菱见宝玉蹲在地下,将方才的夫妻蕙与并蒂菱用树枝儿抠了一个坑,先抓些落花来铺垫了,将这菱蕙安放好,又将些落花来掩了,方撮(cuō)土掩埋平服。香菱拉他的手,笑道:"这又叫作什么?怪道人人说你惯会鬼鬼祟祟使人肉麻的事。你瞧瞧,你这手弄的泥乌苔滑的,还不快洗去。"宝玉笑着,方起身走了去洗手,香菱也自走开。二人已走远了数步,香菱

---

① 撒漫——这里是出手大方、不吝惜财物的意思。

经典里的名人馆

香菱嘱咐宝玉别告诉薛蟠裙子的事,表现了她的天真单纯。

复转身回来叫住宝玉。宝玉不知有何话,扎着两只泥手,笑嘻嘻的转来问:"什么?"香菱只顾笑。因那边他的小丫头臻儿走来说:"二姑娘等你说话呢。"香菱方向宝玉道:"裙子的事可别向你哥哥说才好。"说毕,即转身走了。宝玉笑道:"可不我疯了,往虎口里探头儿去呢。"说着,也回去洗手去了。不知端详,且听下回分解。

(选自《红楼梦》第六十二回)

乐行乐思

"湘云醉卧芍药丛"是《红楼梦》中最美的场景之一。细细品读故事中描写的这一段场景,你觉得美在何处?你从中又看到了一个怎样的湘云?

大课堂

1. 解标。看后记《争当"最美乐读者"》，了解面试的基本标准和操作方法，并从"正确、流利、有感情、有个性"四个方面理解具体的评价要求。

2. 范评。老师请一名学生讲述自己充分准备的精彩故事，从四个方面逐一做示范点评打分。

3. 共评。请一位学生抽签讲述故事，老师引导同学们对照标准进行共同评价打分。

4. 试评。分学习小组尝试对本小组里某一个组员进行面试，由组长主持，其他人当考官。

自测练习

（考试时间：40分钟）

得分_____

一、将下列故事情节与相对应的书名、作者连线。（12分）

煮酒论英雄　　吴用智取生成纲　　真假美猴王　　湘云醉卧芍药丛

《西游记》　　《三国演义》　　《红楼梦》　　《水浒传》

曹雪芹　　　　施耐庵　　　　罗贯中　　　　吴承恩

二、按要求填空。（每空1分，每个选项2分，共25分）

1. 《水浒传》以_____为主要题材，塑造了以宋江为首的_____位梁山好汉反抗压迫、英勇斗争的故事。请你将这部作品中的人物与绰号相互匹配，将序号填在相应的括号中。

鲁智深（　　）　林冲（　　）　宋江（　　）　吴用（　　）

A. 及时雨　　　B. 豹子头　　　C. 智多星　　　D. 花和尚

2. "夫英雄者，胸有大志，腹有良谋，有包藏宇宙之机，吞吐天地之志也。"这是《_____》这部古典名著中_____（填人物）关于英雄的见解。"身长七尺五寸，两耳过肩，双手过膝，目能自顾其耳"是书中_____（填人物）的外貌描写，他与_____、_____桃园三结义。

3. 《红楼梦》又名《_____》，主要讲了_____、王、史、薛四大家族的盛衰，书中既有儿女情长、风花雪月，也有盛衰变幻、人情冷暖。请你将这部作品中的人物与其雅号匹配，将序号填在相应的括号中。

贾宝玉（　　）　　林黛玉（　　）　　薛宝钗（　　）　　李纨（　　）

A. 蘅芜君　　　B. 稻香老农　　　C. 潇湘妃子　　　D. 怡红公子

三、选择题。(15分)

1. 下列描写与所对应的人物判断不正确的一项是（　　）

A. 头裹团花手帕，身穿纳锦云袍。腰间双束虎筋绦，微露相偏绡。凤嘴弓鞋三寸，龙须膝裤金销。手提宝剑怒声高，凶比月婆容貌。（白骨精）

B. 那官人生的豹头环眼，燕颔虎须，八尺长短身材，三十四五年纪，口里道："这个师父端的非凡，使的好器械！"（林冲）

C. 身长八尺，面如冠玉，头戴纶巾，身披鹤氅，飘飘然有神仙之概。（诸葛亮）

D. 两弯似蹙非蹙罥烟眉，一双似喜非喜含情目。态生两靥之愁，娇袭一身之病。泪光点点，娇喘微微。（林黛玉）

2. 下列名著中的人物与事件搭配不正确的一项是（　　）

A. 关羽——千里走单骑　　　B. 孙行者——三借芭蕉扇

C. 晁盖——三打祝家庄　　　D. 贾探春——议结海棠社

3. 《西游记》中，最能表现孙悟空具有反抗精神的是（　　）

A. 三打白骨精　　　　　　B. 真假美猴王

C. 大闹天宫　　　　　　　D. 三借芭蕉扇

4. 下列表述有误的一项是（　　）

A. 《真假美猴王》中，唐僧因悟空打死了强盗，把他赶出师门。孙悟空非常生气，打骂唐僧，抢走了行李，回到了花果山。

B. 《大战红孩儿》中，悟空被红孩儿的三昧真火呛烧，八戒去南海请观音菩萨，却被红孩儿假扮的观音骗到了火云洞中。

C. 孙悟空的筋斗云一翻是十万八千里。

D. 《三借芭蕉扇》中，孙悟空被铁扇公主用芭蕉扇扇到了小须弥山，灵吉菩萨送给他一粒定风丹，才能抵住芭蕉扇扇出的风。

5. 下列说法中，正确的一项是（　　）

A. 《鲁智深倒拔垂杨柳》中，鲁智深面对前来找麻烦的一群泼皮，飞起右脚，先将张三踢下粪窖，再飞起左脚，把李四也踢入粪窖中。

B.《吴用智取生辰纲》中，负责押送生辰纲的杨志是个精明能干、谨慎机智的人，但是他为人粗暴急躁，对军士们非打即骂，使得众军士怨声载道。

C.《火烧赤壁》中，诸葛亮"借"来东风，周瑜却要杀了他，料事如神的诸葛亮早就叫张飞准备好快船来接自己，顺利回去了。

D.《湘云醉卧芍药丛》中，众人行酒令时，林黛玉说："这鸭头不是那丫头，头上那讨桂花油。"引得一群丫鬟过来罚她喝了一杯酒。

四、综合运用。(31分)

班级举行"我爱读古典名著"综合性学习活动，请按要求完成下面的任务。

【猜一猜】读长篇小说，我很喜欢读回目，只要看一下某一回的标题，就可以猜出它主要讲了什么故事。看到《红楼梦》第三十八回的回目《林潇湘魁夺菊花诗　薛蘅芜讽和螃蟹咏》，我能猜出这一回的大致内容是：_____

_____

(3分)

【连一连】将下列故事情节与主人公、人物特点连一连。(12分)

鲁智深倒拔垂杨柳　　　孙悟空　　　韬光养晦、谨慎机智
三打白骨精　　　　　　刘备　　　　娇憨烂漫、豪放洒脱
煮酒论英雄　　　　　　史湘云　　　神通广大、除恶务尽
湘云醉卧芍药丛　　　　鲁智深　　　力大无穷、有勇有谋

【辩一辩】同学们正在积极参与"我眼中的名著人物"辩论会，对于《三国演义》中的关羽这个人物形象褒贬不一，争辩激烈。请根据反方同学辩词，结合书中情节反驳对方。(3分)

同学1：关羽意气用事，原则性不强，在华容道，面对曹操的请求，他放弃了自己的立场，放虎归山。

同学2：_____

_____

【填一填】某同学为关羽设计了一张人物名片，请你根据书中内容，将信息补充完整。(9分)

姓名	关羽	别称	
所属团队		使用武器	
性格特点			
个人特长			
主要事件			

【赞一赞】从《水浒传》中，我寻找到了自己最敬佩的英雄_____，因为他（她）_____

_____

（简述理由）(4分)

五、阅读片段，完成练习。(17分)

　　这大圣收了金箍棒，捻诀念咒，摇身一变，变作一个海东青，飕的一翅，钻在云眼里，倒飞下来，落在天鹅身上，抱住颈项嗛眼。那牛王也知是孙行者变化，急忙抖抖翅，变作一只黄鹰，返来嗛海东青。行者又变作一个乌凤，专一赶黄鹰。牛王识得，又变作一只白鹤，长唳一声，向南飞去。行者立定，抖抖翎毛，又变作一只丹凤，高鸣一声。那白鹤见凤是鸟王，诸禽不敢妄动，刷的一翅，淬下山崖，将身一变，变作一只香獐，乜乜些些，在崖前吃草。行者认得，也就落下翅来，变作一只饿虎，剪尾跑蹄，要来赶獐作食。魔王慌了手脚，又变作一只金钱花斑的大豹，要伤饿虎。行者见了，迎着风，把头一幌，又变作一只金眼狻猊，声如霹雳，铁领铜头，复转身要食大豹。牛王着了急，又变作一个人熊，叉开脚，就来擒那狻猊。行者打个滚，就变作一只赖象，鼻似长蛇，牙如竹笋，撒开鼻子，要去卷那人熊。

1. 《西游记》是一部_____小说，作者是_____。(2分)

2. 试着推测，上面文段选自哪个回目？(　　)(3分)

　A. 乱蟠桃大圣偷丹　　反天宫诸神捉怪

　B. 法性西来逢女国　　心猿定计脱烟花

　C. 心猿空用千般计　　水火无功难炼魔

　D. 猪八戒助力败魔王　　孙行者三调芭蕉扇

3. 古典名著的语言与现在的不太一样,读起来有些难度。判断下列说法是否正确,对的画"√",错的画"×"。(6分)

(1) 联系上下文,我大致猜到"噙"就是用嘴啄的意思。(   )

(2) 读到较难理解的一些语句,我一定要反复琢磨,弄懂它们的意思。(   )

(3) 我结合看过的电视剧《西游记》中的相关内容,加深了对文段的理解。(   )

4. 文段中的大圣和行者是同一个人,他在整部小说中有多个称呼,请你试着再写出两个:_____、_____。选段中,孙行者与牛魔王斗法,从天上到地上,大战五个回合,从中可以看到一个_____的孙行者。(3分)

5. 请结合你看过的《西游记》书籍、影视剧、动画片等,合理预测,选出正确的后续情节(   )(3分)

A. 孙悟空变成小虫,藏在茶沫下,钻到罗刹女肚中,结果借来了一把假扇子。

B. 牛魔王变成了猪八戒,把孙悟空拿到的扇子骗了回去,孙悟空打败了他,拿到扇子扇灭了火焰山的火。

C. 悟空在八戒、众神帮助下,抓住牛魔王。罗刹女为救牛魔王,献出宝扇,孙悟空彻底扇灭了火焰山的火。

D. 孙悟空变成了牛魔王,哄骗罗刹女,拿到了扇子扇灭了火焰山的火。

争当"最美乐读者"

整本书读完,同学们要主动申请参加最后的阅读考评,考评分三步:

一、自导自演(讲演5分钟左右,共40分)。自主选择本学期阅读的内容自己演讲,可以请其他人给予指导或参与演出,通过精心准备,表现最好的自我。

二、抽签讲述(讲演3~5分钟,共40分)。自己抽取题签,现场脱稿讲述,这一环节全部独立完成。

三、抽签朗读(朗读4分钟左右,共20分)。

以上三项面试的基本标准是"正确、流利、有感情、有个性",第一、二两项每个标准满分10分,第三项每个标准满分5分。

面试总分100分。同学们如果得到80分以上,就可以获得"最美乐读者"的光荣称号,受到表彰!